# 한번 읽어 봅시다!

## 가톨릭 신학과 교리 해설

## 한번 읽어 봅시다!
가톨릭 신학과 교리 해설

**교회 인가** | 2025년 9월 15일
**1판 1쇄** | 2025년 11월 1일
**1판 3쇄** | 2025년 12월 11일

**글쓴이** | 조한규
**펴낸이** | 김사비나
**펴낸곳** | 생활성서사
**편집인** | 윤혜원
**편집 자문** | 허찬욱 **디자인 자문** | 이창우, 최종태, 황순선
**편집장** | 박효주 **편집** | 김병수, 안광혁, 이광형
**디자인** | 강지원 **제작** | 유재숙 **마케팅** | 노경신 **온라인 홍보** | 박수연
**등 록** | 제78호(1983. 4. 13.)
**주 소** | 서울특별시 강북구 덕릉로42길 57-4
**편 집** | 02)945-5984
**영 업** | 02)945-5987
**팩 스** | 02)945-5988
**온라인** | 신한은행 980-03-000121 재) 까리따스수녀회 생활성서사
**인터넷 서점** | www.biblelife.co.kr

가톨릭 교회의 모든 도서는 '생활성서사' 인터넷 서점에서 만나실 수 있습니다.

ISBN 978-89-8481-704-3  03230
책값은 뒤표지에 있습니다.

ⓒ 조한규, 2025.
성경 · 전례문 · 교회 문헌 ⓒ 한국천주교중앙협의회, 2025.
이 책은 저작권법에 의해 보호를 받는 저작물이므로 무단 복제를 금합니다.

# 한번 읽어 봅시다!

### 가톨릭 신학과 교리 해설

글쓴이 조한규

생활 성서

들어가는 말

## 하느님께 이르는 길, 진리, 생명

사제 후보자는 사제로 서품을 받기 전에 서품 성구聖句를 정합니다. 사제에게 서품 성구는 삶의 지침이자 이정표와도 같은 것입니다. 저는 요한 복음서 14장 6절의 말씀인 "길, 진리, 생명"을 선택했습니다. 우선 '길'은 '도로'와 다릅니다. 도로는 빠르고 편리하게 이동하기 위해 인위적으로 만든 것입니다. 반면 '길'은 인간이 오랫동안 거쳐 간 흔적이기에 인간의 삶이 함께합니다. 옛말에 물이 흐르면 강이 되고, 사람이 걸으면 길이 된다고 했습니다. 예수님, 그분의 삶 자체가 인간의 길, 곧 진리의 길이자 생명의 길이며, 하느님께 이르는 분명한 길입니다.

"진리가 무엇이오?"(요한 18,38). 본시오 빌라도가 예수님께 물었습니다. '진리'의 그리스어는 '알레테이아aletheia'입니다. 'a-'는 반대를 의미하는 접두사, 'lethe'는 망각을 의미합니다. 진리, 즉 '알레테이아'는 '잊히지 않는 것', '언제나 그대로인 것'이라는 의미입니다. 진리란 언제나, 어디서나, 누구에게나 옳은 것입니다. 빌라도에게 대답하지 않으셨지만, 예수님께서는 평소에도 "나는 진리이다."(요한 14,6 참조)라고 말씀하셨습니다. 언제나, 어디서나, 누구에게나 올바른 진리는 오직 하느님이십니다. 하느님께서는 말씀을 통해 당신 자신을 알려 주시고, 그 말씀이 사람이 되시어 우리 가운데 계신 예수님이 진정한 진리이십니다.

우리가 어떻게 진리를 만나고 깨달을 수 있을까요? 진정한 자유, 즉 인간 구원을 위해서는 예수님 안에 머물러야 합니다. "진리가 너희를 자유롭게 할 것이다."(요한 8,32). 예수님 안에 머물기 위해서는 예수님 말씀을 자주 듣고, 머리와 가슴에 새기며, 무엇보다 그분 몸을 내 안에 모시고, 그분과 일치를 이루어야 합니다. 신앙생활이란 내 힘으로 무언가를 하는 것이 아니라, 하느님께서 내 안에서 무언가 하시도록 조용히 머물고 협조하는 것입니다.

인간은 위대한 능력을 가진 것 같지만, 실제 자기 머리카락 한 올 검거나 희게 할 수 없는 힘없고 나약한 존재이며, 언제나 죽음을 앞둔 존재입니다. 인간 삶은 속절없이 허무하다는 것과 오직 하느님만이 영원하심을 기억해야 합니다. 천 년의 시간도 하느님께는 지나간 어제와 같습니다(시편 90편 참조). 하느님은 영원하시고, 하느님 말씀은 언제나 진리입니다. 예수 그리스도는 인간을 구원으로 이끄는 길, 진리, 생명이십니다. 이분에게 우리 삶의 길과 목적에 대한 답이 있습니다. "주님, 저희가 누구에게 가겠습니까? 주님께는 영원한 생명의 말씀이 있습니다."(요한 6,68).

## 이 책의 제목과 구성

이 책의 제목 『한번 읽어 봅시다! - 가톨릭 신학과 교리 해설』은 이전에 오랫동안 가톨릭대학교 신학 대학 교수로 재직하셨고, 지금은 하늘 나라에서 기도하고 계실 故 백민관 신부님께서 가톨릭 신자들을 위해 1996년에 저술하신 책인 『거 좀! 읽어 봅시다』, 『또 좀! 읽어 봅시다』, 『마저 좀! 읽어 봅시다』에서 착안한 제목입니다. '한번 읽어 봅시다!'라는 편한 주 제목과 '신학과 교리'가 언급된 부제목이 있는 것처럼, 이 책은 한편으로 가톨릭 신자 재교육을 위해 쉽게 풀어 쓴 책이며, 다른 한편 가톨릭 교회의 중요 교리와 신학을 소개하고 설명한 책입니다. 어려운 신학을 쉽게 쓰면서도, 핵심을 잃지 않고자 노력했습니다.

이 책은 예수 그리스도를 중심으로 구성했습니다. 예수님이 오시기 전 구약 시대, 예수님의 탄생 및 공생활과 가르침, 그리고 예수님의 수난과 죽음과 부활, 예수님의 승천 이후 성령과 교회에 대해 가톨릭 교회가 가르치고 있는 중요한 사항을 기록했습니다. 즉 가톨릭 교회의 가르침을 충실히 담아 신자들을 교육하는 것이 이 책의 주된 목적입니다.

이 책은 제가 몇 해 전에 저술했던 『알고 싶은 가톨릭 신학』 제1권(2020년), 제2권(2021년)의 후속편이자, 새롭게 업그레이드한 책입니다. 당시에도 그 두 권의 책은 가톨릭 신자 재교육을 위한 교리서로 쓰였습니다. 그래서 너무 어렵지 않게, 그렇다고 마냥 쉽지만은 않게 쓰였습니다. 이번 책 『한번 읽어 봅시다! – 가톨릭 신학과 교리 해설』 역시 가톨릭 신자 재교육을 위해 가톨릭 교리와 신학을 소개, 정리, 설명한 책입니다. 가능하면 재교육을 받는 신자들이 쉽게 이해할 수 있도록 서술하면서도, 동시에 신학 대학에서 '신학 입문' 과목 강의 교재로도 사용할 수 있도록 신학과 교리의 중요한 내용과 개념을 함께 수록했습니다.

## 구원에 이르는 길인 하느님 말씀

인공 지능AI이 중요한 화두가 되고, 과학과 기술이 지배하는 오늘날 세상에 신학과 교리가 여전히 필요하고 중요한가 묻는다면, 저는 망설이지 않고 "그렇다."라고 답할 것입니다. 신학과 교리는 신앙의 유산을 보존하고, 교회 공동체에 신앙의 중요성과 필요성을 이해시켜 줍니다. 그래서 인간 삶에 반드시 요구되는 도덕과 윤리의 기준을 제시하고, 인간이 인간답게 살 수 있도록 이끌어 줍니다. 신앙은 하느님으로부터 오는 것이기에 그 자체로 신비입니다. 따라서 문자로 모두 다 표현할 수 없고, 인간이 다 알아들을 수도 없습니다. 신학이 모든 신비를 다 풀어낼 수는 없습니다. 하지만 신앙을 바탕으로 하는 신학은 인간이 인간답게 살 수 있는 길을 제시하고, 변하지 않는 진리가 무엇인지 알려 줍니다. 유한한 존재인 인간은 무한한 존재이신 하느님 앞에 겸허하게 순명할 때 비로소 삶의 진정한 의미를 깨닫고, 구원에 이를 수 있다는 사실을, 신학은 알려 줍니다.

하느님의 아드님이시자 하느님이신 분, 즉 사람이 되신 하느님 말씀이신 예수님께서 하느님에 대한 모든 답과 인간에 대한 모든 답을 알려 주셨습니다. 이 책은 바로 그 예수님의 말씀과 행적에 관한 기록입니다. 2천 년 전 팔레스티나 시골 마을에 마리아의 아들로 태어난 예수라는 한 사람이 그리스도, 메시아, 구세주라는 것을 우리가 알고 믿으며 그 이름으로 영원한 생명을 얻는 것이 하느님의 뜻입니다(요한 20,31 참조). 인간을 구원으로 이끄는 '복음'은 예수님의 말씀과 행적, 즉 예수님 자신, 예수님의 모든 것입니다. 인간의 구원은 그리스도를 통하여, 그리스도와 함께, 그리스도 안에서 이루어집니다.

"그리스도인이 된다는 것은
윤리적 선택이나 고결한 생각의 결과가 아니라,
삶에 새로운 시야와 결정적인 방향을 제시하는
한 사건, 한 사람을 만나는 것입니다."
(베네딕토 16세 교황 회칙 「하느님은 사랑이십니다」 1항)

복되신 동정 마리아 탄생 축일,
혜화동 신학 대학에서
조한규 신부

차례

들어가는 말    4

## 제1장   예수님의 탄생    14

01 하느님 – 창조주, 유일신, 전능하신 분              16
02 구약 성경 1 – 선택과 계약                         22
03 구약 성경 2 – 구약과 신약의 관계                  27
04 구약의 마지막 인물들 – 즈카르야, 엘리사벳, 세례자 요한    32
05 예수님 탄생 – "성령으로 인하여 동정녀 마리아에게서"    38
06 성모 마리아 – 신앙과 순종                         44
   **이것만은 꼭!** – 성경이란?                        50

## 제2장   예수님의 공생활    56

01 예수님의 어린 시절 그리고 성 요셉                  58
02 광야 – "저희를 유혹에 빠지지 않게 하시며"           64
03 카나의 첫 기적과 성전 정화                         70

**한번 읽어 봅시다!**
가톨릭 신학과 교리 해설

| | |
|---|---|
| 04 부르심 – 제자들, 그리스도인, 사제와 수도자 | 76 |
| 05 복음의 핵심 메시지 – 하느님 나라와 영원한 생명 | 82 |
| 06 예수님은 어떤 분이신가요? | 88 |
| 이것만은 꼭! – 신앙의 핵심인 신경 | 94 |

## 제 3 장  예수님의 가르침

100

| | |
|---|---|
| 01 참된 행복 8가지 – '진복팔단' | 102 |
| 02 새 계명 – 하느님 사랑과 이웃 사랑 | 108 |
| 03 가장 큰 사랑 – 용서의 어려움 | 113 |
| 04 마리아, 마르타, 라자로 – "참 좋은 몫을 택했다."(루카 10,38-42) | 118 |
| 05 되찾은 아들의 비유(루카 15,11-32) | 124 |
| 06 부자와 라자로의 비유(루카 16,19-31) | 130 |
| 이것만은 꼭! – 전례가 신앙에 꼭 필요한가요? | 136 |

## 제 4 장   예수님의 수난과 죽음 142

01 성체성사는 최후의 만찬에서 시작된 건가요?   144
02 최후의 만찬과 유다교 파스카 만찬의 관계   150
03 예수님과 유다와 베드로   156
04 왜 예수님은 십자가에서 피 흘리며 돌아가셔야 했나요?   162
05 "이분이 네 어머니시다."(요한 19,27)   168
06 성토요일 신학 – "저승에 가시어 사흗날에"   174
   이것만은 꼭! – "고해성사를 하면 정말 죄가 사라지나요?"   180

## 제 5 장   예수님의 부활 186

01 부활의 증거 – 빈 무덤과 제자들의 증언   188
02 부활의 첫 증인 – 마리아 막달레나   194
03 부활과 제자들 – '그리스도를 따름 Imitatio Christi'   200

### 한번 읽어 봅시다!
가톨릭 신학과 교리 해설

04 사도행전 – 교회의 시작과 바오로     206
05 그리스도교의 시작 – 예수가 그리스도이시다!     212
06 삼위일체 교리의 형성     218
    이것만은 꼭! – "신학이란 무엇이고, 어떻게 구분하나요?"     224

## 제6장    예수님 승천 이후 – 성령과 교회     230

01 "주님이시며 생명을 주시는 성령"     232
02 성령의 은총과 열매     238
03 바오로 서간과 가톨릭 서간     244
04 가톨릭 교회와 사적 계시의 관계     249
05 종말과 종말론     255
06 익명의 그리스도인과 교회의 필요성     261
    이것만은 꼭! – 신앙은 우리에게 꼭 필요한가요?     267

"말씀이 사람이 되시어
우리 가운데 사셨다.
우리는 그분의 영광을 보았다.
은총과 진리가 충만하신
아버지의 외아드님으로서 지니신
영광을 보았다."

(요한 1,14)

## 제 1 장

## 예수님의 탄생

# 01 하느님 – 창조주, 유일신, 전능하신 분

### 구약은 선택과 계약의 역사

하느님은 어떤 분이실까요? 그리스도교는 구약 성경이 증언하는 하느님에 대한 신앙을 이어받습니다. 그렇다면 구약이 전하는 하느님은 어떤 분이실까요? 구약 성경의 첫 구절은 하느님께서 '한처음에' 이미 계셨음을 선포합니다(창세 1,1 참조). 하느님께서는 창조부터 세상 끝날에 이르기까지 인간 역사 안에 현존하시며, 언제나 인간과 함께하시는 분입니다(참조: 이사 41,4; 44,6; 48,12).

그분은 실제 이스라엘 역사 안에 나타나시어, 그들을 '선택'하시고 그들과 '계약'을 맺으셨습니다. '선택'과 '계약'은 구약 전체를 관통하는 핵심 개념입니다. 이는 하느님의 주도권, 곧 하느님께서 모든 것을 섭리하신다는 사실을 전제로 합니다. 하느님께서는 먼저 이스라엘 백성을 부르시어 그들과 계약을 맺으셨으며, 그들을 구원하심으로써 그들을 통하여 온 세상을 구원하고자 하셨습니다. 하느님과 계약을 맺는 이는 구원의 은총을 받을 뿐만 아니라, 세상에 구원을 전하는 도구가 되는 것입니다.

'계시'(啓示, Revelatio)는 '감추어진 것을 열어 보이다.'라는 뜻으로, 하느님께서 당신 자신에 관해서 알려 주신다는 의미입니다. 구약의 하느님께서는 먼저 당신을 드러내 보이셨습니다(참조: 신명 29,28; 1사무 3,21; 이사 22,14). 하느님께서 자신을 드러내 주셔서 인간은 그분을 알고 또 체험하게 되었습니다. 인간의 노력만으로는 하느님을 알 수 없습니다. "내 얼굴을 보지는 못한다. 나를 본 사람은 아무도 살 수 없다."(탈출 33,20)라고 성경은 말합니다. 하느님은 인간과 함께하시지만 동시에 인간의 시야를 넘어 계십니다. 이를 하느님의 내재성과 초월성이라 합니다. 구약 성경에 따르면 신앙이 없는 곳에서는 '하느님의 얼굴'이 감추어집니다. '하느님의 얼굴'이란 인간이 하느님과 함께하는 깊은 친교, 그분의 도움과 현존을 가리키는 성경적 표현입니다(참조: 탈출 23,15.17; 34,20.23-24; 시편 24,6; 42,1-2; 이사 1,12).

### "한처음에 하느님께서 하늘과 땅을 창조하셨다."(창세 1,1)

'한처음에'라는 말은 '태초에' 혹은 '무언가 시작되기 이전에'라는 뜻으로, '한처음'은 오직 하느님만이 존재하셨던 때입니다. 하느님께서 한처음에 세상을 창조하십니다. 구약 성경의 맨 처음엔 하느님께서 세상을 창조하셨다는 이야기가 나옵니다. 창세기에 따르면 하느님께서 세상을 6일 만에 창조하셨고, 여섯째 날에 인간을 창조하셨다고 합니다. 문자 그대로 이해한다면, 6일 만에 혹은 144시간 만에 말입니다! 이게 가능한 일이고, 이해할 수 있는 내용인가요? 오늘날 대부분 사람은 창세기에 나오는 창조의 과정과 방식을 더 이상 믿지 않습니다. 만일 과학자들에게 창세기에 나오는 과정대로 우주와 세상이 창조되었는가에 대한 진위 여부를 묻는다면 아마 코웃음만 칠 것입니다. 하지만 교회는 오랫동안 하느님께서 세상을 창조하셨다는 창세기의 가르침을 믿어 왔습니다.

그렇다면 창세기의 내용은 모두 오래된 동화 같은 이야기이거나, 과학에 무지했던 옛사람들의 과장일까요? 아니면 일부 신심 깊다는 사람들의 주장처럼, 창세기의 모든 내용을 글자 그대로 믿고 따라야 할까요? 가톨릭 교회는 하느님의 세상 창조에 대해 뭐라고 이야기할까요?

아우구스티노 성인은 창조 과정의 하루가 실제 하루를 뜻하는 것은 아니라고 합니다. 이 주장은 태양이 넷째 날에 가서야 비로소 만들어졌다는 사실에 근거합니다. 가톨릭 교회는 세상이 6일, 즉 144시간 만에 창조되었다고 주장하지 않습니다. 하지만 창세기의 창조 설화는 오늘날에도 여전히 중요한 의미를 지닙니다. 하느님과 세상과 인간에 대한 매우 중요한 진실을 담고 있기 때문입니다. 창조는 하느님의 가장 근원적인 신비, 곧 창조주 하느님을 드러내는 사건입니다. 따라서 창조 사건은 과학의 눈이 아니라, 신앙의 눈으로 바라보고,

신비 사건으로 이해해야 합니다. 하느님의 신비는 인간 스스로는 깨달을 수 없고, 하느님께서 알려 주셔야만 알 수 있습니다.

창세기 1장을 보면, 하느님께서는 말씀으로 세상을 창조하셨다는 것을 알 수 있습니다. "하느님께서 말씀하시기를"이라는 표현이 매번 반복되는데, 이는 세상이 하느님 말씀으로 창조되었다는 것을 보여 줍니다. 창조 설화는 '사실'을 기록한 것이 아닙니다. '사실fact'은 육하원칙, 즉 누가, 언제, 어디서, 무엇을, 어떻게, 왜 등의 기준에 따라 객관적으로 기술하는 것입니다. 성경의 세상 창조에 대한 기록은 사실의 기록이 아니라, '진실truth'의 기록입니다. 눈앞 현상에 주목하는 것이 사실이라면, 진실을 안다는 것은 그 현상을 통해 드러난 숨은 의미, 진정한 의미를 깨닫는 것입니다.

창세기는 하느님께서 세상을 창조하셨으며, 그로 인해 세상 만물과 인간이 존재한다고 증언합니다. 그러나 하느님의 세상 창조를 목격한 사람도, 그 과정을 옆에서 기록한 사람도 없습니다. 따라서 창세기의 기록처럼 세상이 6일 만에 창조되었는지 알 수도 없고, 반대로 창조 설화를 부정할 근거도 없습니다. 창세기는 과학적 증명이 필요한 책이 아니고, 하느님 계시를 당시의 인간이 당시의 이해 능력과 문화 안에서 기록한 것입니다. 창세기의 목적과 의도는 창조 과정을 객관적으로 기술하는 데 있지 않고, 창조의 이유와 목적을 깨닫게 하는 데 있습니다. 우리가 믿는 하느님이 온 세상의 창조주이자 구세주이시며, 인간이 살아갈 땅과 세상을 마련하셨고 인간을 구원하시고

자 한다는 것입니다.

## 하느님 구체적 현존의 장소

하느님은 계실까요? 예, 하느님은 분명 계십니다! 물론 인간의 눈으로 직접 볼 수 없습니다. 본래 하느님은 눈으로 볼 수 있는 분이 아닙니다. 만약 누구나 눈으로 볼 수 있거나, 내가 원하고 기도하는 대로 움직이신다면, 그분은 하느님이 아닙니다. 마찬가지로 하느님을 인간의 언어로 완전히 설명하거나, 원할 때 눈앞에 드러낼 수 있다면 그분은 더 이상 하느님이 아닙니다. 바람이 그물에 걸리지 않는 것처럼, 하느님은 인간의 머리로 알 수 없습니다. 하느님께서 주신 영적, 이성적 능력을 통해 인간은 하느님에 대해 알 수 있지만, 이는 극히 일부분입니다.

구약 성경은 하느님께서 인간 세상 안에 활동하시며 동시에 인간 세상을 초월해 계신다고 증언합니다. 이스라엘의 역사는 하느님 구원의 역사이고, 하느님과 함께해 온 계약의 역사입니다. 하느님은 초월해 계셔서 인간이 보거나 만질 수 없지만, 분명히 인간과 함께하십니다. 그분께서 인간과 함께하신다는 구약의 증거가 '계약의 궤'와 '만남의 천막'입니다. 계약의 궤가 모셔진 만남의 천막은 이스라엘 사람들에게 야훼 하느님의 임재와 현존 체험이 직접적으로 이루어지는 곳이었습니다(탈출 33,7-11 참조). 하느님은 함께하시는 분이자 초월해 계시는 분이셨기에, 구약의 백성에게 그분은 언제나 "살아 계신 하느님"(1사무 17,26.36; 2열왕 19,16)이셨습니다. 따라서 하느님을 만났던 많은 이가 하느님께서 존재하심을 알고, 그분 현존 앞에 머물고자 노력했습니다. 하느님의 존재와 현존은 완전한 침묵 속에서만 들을 수 있고, 눈을 감아야만 볼 수 있습니다.

"이스라엘아, 들어라!
주 우리 하느님은 한 분이신 주님이시다.
너희는 마음을 다하고 목숨을 다하고 힘을 다하여
주 너희 하느님을 사랑해야 한다."(신명 6,4-5)

# 02 구약 성경 1 – 선택과 계약

### 선택과 계약

구약 성경은 이스라엘 백성의 경전입니다. '옛 계약'이라는 명칭은 후대에 '새 계약'과 구별하여 쓰이게 된 표현이고, 원래 이름의 기원은 '계약의 책'(2열왕 23,2 참조)입니다. '계약'이라는 말은 성경에서 '약속'을 뜻하지만, 단순한 약속과는 구별됩니다. 약속에는 윤리적 책임만 따르지만, 계약에는 법적 책임까지 포함됩니다. 따라서 약속을 지키지 않으면 비난을 받는 데 그치지만, 계약을 어기면 법적 책임을 져야 합니다. 성경에서 계약은 특히 하느님과 인간의 관계를 전제로 하며, 하느님의 절대적 주도권과 인간의 충실한 응답으로 완성됩니다.

또한 계약은 인간 구원을 위해 필수적이고 절대적이며 때로는 강제적인 성격을 지니기도 합니다. 무엇보다 이스라엘의 역사인 구약은, 사실 하느님과 인간 사이의 역사라고 보는 편이 더 적절합니다.

하느님께서 세상과 인간을 창조하신 후 그 완성을 위해 구원의 역사를 이끌어 가십니다. 이때 하느님께서는 구원의 대상이자 도구가 되어 구원 사업에 함께할 한 민족을 '선택'하십니다. 왜 하필 이스라엘을 선택하셨을까요? 그 이유는 알 수 없습니다. 확실한 것은 히브리 백성이 하느님의 부르심에 응답했다는 사실입니다. 노아가 응답했고, 아브라함이 응답했으며, 특히 모세를 통해 하느님의 구원 사업이 위대하게 드러났습니다.

### 왜 모세는 '약속의 땅'에 들어가지 못했을까요?

탈출기 3장을 보면 모세는 불타는 떨기 속에 나타나신 하느님의 '부르심'을 받고, 이집트에서 종살이하던 그분 백성을 구해 내어 '약속의 땅'으로 이끌도록 '파견mission'됩니다. 이 모든 일은 하느님께서 "그들의 신음 소리를 들으시고", 그들의 조상들과 맺으신 "당신의 계약을 기억"(탈출 2,24)하셨기에 이루어졌습니다. 모세는 하느님 명을 따르기 위해 파라오와의 지난한 협상과 투쟁을 겪어야 했고, 결국 천신만고 끝에 이집트에서 '탈출ex-hodus'하게 됩니다.

탈출 이후 이집트에서 '약속의 땅'까지는 직선거리로 걸어서 한 달이면 충분했습니다. 하지만 모세와 이집트 백성은 무려 40년을 광야에서 지내야 했습니다. 게다가 모세는 요르단강만 건너면 약속의 땅에 들어갈 수 있었는데, 그 강을 건너지 못하고 바로 앞 느보산에서 죽음을 맞이합니다(신명 34장 참조). 왜 하느님 선택을 받고, 평생 하느님을 위해 죽도록 힘을 다한 모세는 정작 약속의 땅에 들어가지 못했을까요?

신명기 3장 23-29절에는 모세가 요르단강을 건너지 못한 이유가 백성의 불신앙 때문이라고 나옵니다. 또 다른 구절 역시 백성의 불신앙에서 이유를 찾습니다. "너희는 마음을 완고하게 하지 마라, 므리바에서처럼 광야에서, 마싸의 그날처럼."(시편 95,8). 성무일도서에도 자주 등장하는 이 구절은 광야에 머물던 백성들의 불신앙을 보여주는 표현입니다(민수 20장 참조). 과연 모세는 백성들의 불신앙 때문에 '약속의 땅'에 들어가지 못했을까요?

모세는 한 개인이 아니라 당시 히브리 백성 전체를 대표합니다. 그들은 하느님의 선택된 백성이었지만, 오랜 종살이로 인해 노예근성이 삶에 밴 사람들이었습니다. 그들은 자기 처지가 조금 편하면 만족했지만, 반대로 배고프고 힘들면 바로 불평하고 하느님을 원망하며, 심지어 조금 살 만해지자 황금 송아지를 만들어 우상 숭배를 하던 사람들이었습니다. 이런 사람들에게 '약속의 땅'은 무의미합니다. 그래서 한 달이면 도달 가능한 여정인데, 광야에서 40년간 단련할 시간이 필요했고, 노예 생활에 익숙했던 사람들이 죽고 사라진 후 새로운 세대에게 약속의 땅이 주어진 것입니다.

모세의 뒤를 이어 여호수아가 백성을 이끌고 요르단강을 건너 '약속의 땅'에 들어가게 됩니다(여호 3장 참조). '여호수아'라는 이름은 '주님은 구원이시다.'라는 뜻이고, '호세아', '예수'라는 이름과 같은 뜻입니다. 마르코 복음서 1장에 따르면, 예수님은 '약속의 땅'의 시작 지점이었던 '요르단강'에서 세례를 받으시며 공생활을 시작하십니다. '약속의 땅'에 살고자 하는 사람은 예수님처럼 세례를 받고 하느님께 신앙을 고백해야 합니다. 그러면 '새 하느님 백성'이 되고, 이들에게 '약속의 땅'이 주어집니다. 새로워져야 하느님을 만날 수 있습니다. 매일 새로워지지 않으면 광야의 히브리 백성처럼 살게 됩니다.

### 선택과 계약의 이유 – 성사를 통한 구원

하느님께서 이 세상을 창조하셨고, 이 세상은 구원 역사로 가득합니다. 구약과 신약의 모든 역사, 곧 구세사는 성사적 특성을 지닙니다. 구약은 하느님께서 당신 백성 이스라엘을 구원하시는 여러 사건과 은총 체험으로 가득합니다. 하느님께서 어떤 분인지를 극명하게 계시하신 사건은 이집트 탈출입니다.

하느님께서 히브리 백성을 종살이에서 해방하신 이유는 크게 두 가지입니다. 첫째, 그들의 조상과 맺은 약속에 따라 선택하신 백성을 돌보시기 위함이었습니다. 둘째, 더 근본적인 이유는 그들이 참된 하느님 백성으로 살아가며, 함께 모여 하느님께 예배드릴 수 있도록 하시기 위함이었습니다.

하느님께서는 이 백성을 해방하시어 시나이산에서 계약을 체결하셨는데, 그 핵심은 하느님 말씀대로 살면 구원을 받고, 그렇지 않으면 벌을 받는다는 것이었습니다. 이 계약을 구체적으로 실천하는 길이 바로 계명이었으며, 그 가운데 핵심으로 '십계명'이 주어졌습니다. 하느님 백성은 먼저 하느님의 은총과 구원의 대상이며, 동시에 온 세상을 구원하시려는 하느님의 은총과 구원의 도구입니다. 곧, 은총의 대상이자 도구인 이스라엘 백성은 '성사적 백성'입니다.

하느님 은총을 받는 길은 진리의 길이자 생명의 길(요한 14,6 참조)이신 '예수님'입니다. 모든 은총의 원천이자 성사 자체이신 예수님은 당신이 세우신 교회에 7성사를 제정하셨습니다. 교회 안에서만 하느님 은총을 체험할 수 있는 것은 아니지만, 교회 안에서는 분명하게 체험할 수 있습니다. 교회를 통해 예수 그리스도의 현존을 체험하고, 이 현존 체험을 통해 하느님께 이르는 것이 그리스도교입니다. 교회는 성사를 통해 '지금 여기에서' 예수님의 현존을 체험하도록 도와줍니다. "교회는 그리스도 안에서 성사와 같다."(「교회 헌장」 1항). 하느님의 성사이신 예수님은 교회를 통해 구원 은총을 전달해 주십니다. 하느님을 마주하는 것(1코린 13,12 참조), 곧 지복직관(至福直觀, visio beatifica)은 예수님과 함께하면 가능합니다. 예수님을 만나는 방법은 다양하지만, 가장 분명하고 확실한 길은 교회의 성사입니다.

"힘과 용기를 내어라. 무서워하지도 말고 놀라지도 마라.
네가 어디를 가든지 주 너의 하느님이
너와 함께 있어 주겠다."(여호 1,9)

# 03 구약 성경 2 –
## 구약과 신약의 관계

### 구약, 구원 역사의 특별함

"뚜렷한 기억보다 희미한 기록이 낫다." 제가 신학교 강의할 때 학생들에게 자주 하는 말입니다. '기억'은 누군가의 해석과 생각이 개입하기에 대부분 주관적입니다. '기록' 역시 주관적 입장이 반영되지만, 비교적 객관적 사실을 보여 줍니다. 성경은 기억을 기록한 책입니다. 구약은 이스라엘 백성이 하느님 백성으로 선택되어 계약을 맺고, 역사 속에서 체험한 구원 사건을 기억하며 기록한 책입니다.

구약의 다양한 인물과 사건을 통해 역사役事하시는 하느님의 구원 역사歷史를 읽어 가는 것은 흥미롭습니다. 성경에 등장하는 성인들 중 어떤 이는 흠과 단점이 많고, 때로 큰 죄를 짓기도 합니다. 구약의 네 성조(아브라함, 이사악, 야곱, 요셉)는 물론, 모세같이 위대한 성인도 결함이 있었고, 다윗은 큰 죄를 지었습니다. 성인들은 죄에 빠지기 쉬운 나약한 인간이었지만, 하느님 선택과 은총을 통해 변화된 사람들입니다. 그들은 부르심에 응답한 후에도 자주 걸려 넘어졌지만, 그래도 끝까지 하느님께 충실했던 사람들입니다.

구약에는 구원 역사가 담겨 있고, 그 중심에 모세를 통한 구원과 계약과 계명이 자리합니다. 하느님께서 온 인류의 구원을 계획하셨고, 이스라엘을 당신 백성으로 선택하셨습니다. 당신의 구원 계획을 이스라엘이 먼저 체험하게 하셨고, 예언자들을 통해 말씀하셨습니다. 따라서 가톨릭 교회는 구약 성경이 이야기하는 구원 사건들 역시 '참된 하느님 말씀'이라고 믿습니다. 구약에서 시작된 하느님 구원 계획은 신약의 그리스도 안에서 실현되고 완성됩니다.

구약의 가장 중요한 기준이자 가치는 '율법'입니다. 율법 중 '한 분이신 하느님에 대한 신앙', 십계명, 윤리적이고 종교적인 의무 등은 신약에서도 여전히 유효합니다. 구약의 하느님 백성과 신약의 새 하느님 백성 사이에 깊은 공통점이 있습니다. 동시에 차이점 내지 신약의 탁월함이 있는데, 하느님 말씀이신 예수 그리스도 때문에 신약 성경은 더욱 중요한 가치를 지닙니다.

### 야곱, 곧 이스라엘, 하느님을 깊게 만난 사람

구약에는 다양한 인물과 사건이 등장합니다. 그들 중에서 저는 개인적으로 야곱이 이스라엘 백성의 특성을 가장 잘 보여 주는 인물 중 한 명이라고 생각합니다. 야곱은 아브라함의 손자이고, 이사악과 레

베카의 쌍둥이 아들 중 둘째입니다. 붉은 피부를 타고난 첫째 '에사우'가 태어날 때, 형의 뒤꿈치를 붙잡고 세상에 나온 둘째가 '야곱'(뒤꿈치를 붙잡다)이었습니다. 두 형제의 성격은 달랐습니다. 형 에사우가 우직한 성격인 데 반해, 동생 야곱은 차분하면서도 영리했습니다. 야곱은 계략을 써서 형에게 맏아들 권리를 자신에게 팔게 하고, 마땅히 장자가 받을 복도 가로챕니다. 이 사실을 알게 된 에사우가 야곱을 죽이려 앙심을 품자, 야곱은 두려운 나머지 먼 곳에 있는 외삼촌 라반에게 도망갑니다.

그곳에서 야곱은 라반의 작은딸인 라헬을 아내로 맞이하기 위해 7년을 일합니다. 그러나 라반은 혼인 당일 야곱을 속여 큰딸 레아를 그와 한자리에 들게 했습니다. 야곱은 불만을 품었지만, 다시 7년을 더 일해 결국 라헬과 혼인했습니다. 그 후 품값을 열 번이나 바꿔친 라반을 지혜롭게 상대해 부자가 된 야곱은 가족과 종들, 가축들을 데리고 고향으로 향했습니다.

그러나 형 에사우가 장정 400명을 데리고 오고 있다는 말을 들은 야곱은 걱정을 놓지 못한 채 야뽁강을 건넜습니다. 그런데 강을 건너는 도중 혼자가 된 야곱에게 어떤 사람이 나타났고, 야곱은 그와 씨름을 해야 했습니다. 긴 시간 씨름을 하던 야곱은 자신을 축복해 주지 않으면 놓아 주지 않겠다고 그에게 말했습니다(창세 32,27 참조). 결국 하느님께서 야곱에게 복을 내려 주시면서, '이스라엘'(하느님과 겨루다)이라는 이름을 주셨습니다. "네가 하느님과 겨루고 사람들과 겨루어 이겼으니, 너의 이름은 이제 더 이상 야곱이 아니라 이스라엘이라 불릴 것이다."(창세 32,29).

하느님을 아주 깊이 체험했던 야곱은 자기 자신을 깊이 만날 수 있었고, 형 에사우와도 화해를 할 수 있었습니다. 이후에도 야곱은 여러 사건을 겪지만, 역경을 잘 헤쳐 나갔고, 야곱의 열두 아들은 하느님 백성 전체를 의미하는 이스라엘 열두 지파의 상징이 되었습니다.

### 구약 성경과 신약 성경의 관계

구약 성경은 유다인들의 역사 기록이자 그들이 하느님과 맺은 계약에 관한 책입니다. 신약 성경은 예수님이 이 땅에 오신 이후 온 인류가 십자가 사건을 통해 새롭게 맺은 계약에 관한 책입니다. 가톨릭 교회는 구원 역사의 단일성 안에서 두 성경의 연속성과 통일성을 강조합니다. "하느님께서는 신약이 구약에 숨어 있고 신약으로 구약이 드러나도록 지혜롭게 마련하셨다."(「계시 헌장」16항).

구약 성경에는 비록 불완전하거나 일시적인 요소가 있지만, 그 안에 하느님의 구원 신비가 감추어져 있습니다. 교회는 하느님의 구원 역사 전체를 바라보면서 이스라엘 백성이 하느님과 맺었던 계약을 인정하고, 구약과 신약의 하느님 백성 사이에 주어진 관계와 연속성도 긍정합니다. 따라서 그리스도인들은 성경을 경건하게 받아들여야 한다고 권고합니다. 다시 강조하지만, 하느님의 세상 창조, 하느님 모상으로서의 인간 이해, 십계명, 윤리적이고 종교적인 책무들에 관한 구약의 여러 가르침은 신약에서도 여전히 유효합니다.

그러나 가톨릭 교회는 구약과 신약의 단일성을 설명하면서도, 신약의 탁월성과 특별함을 더 강조합니다. 구약 성경은 "복음 선포에 온전히 수용되고 신약 안에서 그 완전한 의미를 드러내며, 다른 한편으로 신약을 밝히고 설명해 준다."(17항)라고 규정합니다. 신약 성경은 하느님 구원 역사 전체를 확실하고 집약적으로 전달해 주기에, "이 모든 것에 대한 신약 성경의 기록은 하느님의 영구한 증언"(17항)이라 할 수 있습니다.

「계시 헌장」은 복음서의 사도적 기원도 명확히 합니다. 신약 성경뿐만 아니라, 모든 성경 가운데 으뜸은 복음서입니다. 복음서가 사람이 되신 말씀의 삶과 가르침에 대한 으뜸가는 증언이기 때문입니다. 가톨릭 교회는 "네 복음서가 사도들에게서 비롯되었음을 언제나 어디서나 주장"(18항)합니다. 네 복음서는 사도들과 그 제자들이 예수 그리스도에 관한 모든 것을 글로 기록한 것으로서, "처음부터 목격자로서 말씀의 종이 된 이들이 우리에게 전해 준 것을 그대로 엮은 것입니다."(루카 1,2).

"내가 율법이나 예언서들을
폐지하러 온 줄로 생각하지 마라.
폐지하러 온 것이 아니라
오히려 완성하러 왔다."(마태 5,17)

# 04 구약의 마지막 인물들 - 즈카르야, 엘리사벳, 세례자 요한

### 구약의 사제 직무, 즈카르야

예수님이 오심으로써 '신약新約', 새로운 계약의 시대가 시작되었습니다. 성모님은 구약과 신약 양쪽 모두와 깊은 관련이 있으십니다. 구약舊約, 곧 하느님께서 이스라엘과 맺은 옛 계약의 마지막 시대를 장식하는 인물들이 즈카르야, 엘리사벳, 세례자 요한입니다.

즈카르야는 아비야 조에 속한 사제였고, 그의 아내 엘리사벳도 아론의 자손으로 사제 가문 출신이었습니다(루카 1,5 참조). 구약의 율법에 따르면 사제직은 아론의 후손, 곧 12지파 중 레위 지파에 속합니다. 그러므로 요한도 부모를 따라 사제직을 물려받았습니다. 옛 계약의 사제직을 이어받은 세례자 요한의 사명은 예수님을 향한 것이었으며, 이는 새 계약의 대사제이신 예수님에 대한 암시이자 예고였습니다.

예수님께서 활동하셨던 1세기 당시의 사제와 레위인의 숫자는 대략 2만 명 정도였다고 합니다. 당시 예루살렘 인구는 4만 5천~5만 명 정도였고, 큰 축제일에 예루살렘을 방문했던 순례자의 수는 10만 명 정도였다고 합니다. 사제들의 근무 편성과 직무 수행은 철저하게 이루어졌고, 특히 희생 제사는 엄격하게 치러졌습니다. 매일 아침과 저녁에는 1년 된 숫양과 곡식을 기름과 함께 봉헌했고, 안식일에는 그 두 배씩을 바쳤습니다.

백성들은 성전의 유지와 사제들의 생활비를 위해 성전세와 십일조를 바쳐야 했습니다. 그래서 당시 이스라엘 사람들은 지배 세력인 로마와 성전 양쪽에 세금을 냈습니다. 게다가 예루살렘 성전을 방문할 때는 폭리를 취하려는 상인들과, 그들과 결탁한 이스라엘의 지도층에게 착취를 당해야 했습니다. 성전을 방문하고 기도를 하기 위해서는 제물을 바쳐야 했는데, 제물은 흠 없고 깨끗한 것이어야 했고, 이를 식별하는 이들이 당시 사제와 지도층이기 때문이었습니다.

그래서 복음서는 제의와 장사가 뒤섞여 타락해 버린 당시의 성전을 "장사하는 집"(요한 2,16), "강도들의 소굴"(마태 21,13)이라 묘사합니다. 이런 맥락에서 벌어진 것이 예수님의 성전 정화 사건입니다. 요한 복음서에서는 이 사건을 초반, 곧 예수님의 공생활이 시작되는 2장의 후반부에 배치해, 카나의 혼인 잔치와 성전 정화 사건을 연결하려는 복음사가의 의도를 엿볼 수 있습니다.

공관 복음서에서는 이 사건을 예수님께서 예루살렘에 입성하신 후 수난을 당하시는 복음서 후반부에 발생한 것으로 묘사합니다. 그러면서 성전을 정화하려던 예수님의 행동을 당시 지도층과의 갈등을 촉발한 원인으로 묘사했습니다. 예수님을 제거하고자 했던 유다 지도층이 예수님께 씌운 혐의는 안식일 규정 위반과 신성 모독이었습니다. 사실 사제의 가장 중요한 임무는 하느님과 인간을 이어 주는 것입니다. 하지만 당시 사제들의 모습이나 성전의 역할은 오히려 하느님에게서 인간을 멀어지게 만들었기에, 예수님을 통해 옛 계약의 사제직에 대한 새로운 예언이 전해집니다. "이 성전을 허물어라. 그러면 내가 사흘 안에 다시 세우겠다."(요한 2,19).

### 요한의 출생 예고와 예수님 탄생 예고 비교

즈카르야에게 주어진 세례자 요한의 출생 예고(루카 1,5-25 참조)와 성모님께 주어진 예수님 탄생 예고(1,26-38 참조) 사이에는 차이점이 있습니다. 사제였던 요한의 아버지 즈카르야는 성전에서 예배를 드리던 중에 메시지를 받았습니다. 거룩한 장소와 거룩한 시간에 이루어진 것입니다. 그러나 복음서에는 성모님의 출신에 대한 아무런 단서가 없습니다. 가브리엘 천사가 성모님을 찾아갔던 나자렛이라는 동네는 구약 성경 어디에서도 언급된 적이 없는 곳이었고, 성모님이 살던 집도 아마 무척 작고 초라했을 것입니다. '사제-성전-예배'로 이어지는 출생 예고와 '무명의 젊은 여인-알려지지 않은 작은 마을-초라한 작은 집'에서의 탄생 예고가 대조됩니다. 전자는 옛 계약을 상징하고, 후자는 새 계약을 상징합니다. 새 계약을 맺으러 하느님의 아들께서 작고 겸손한 모습으로 오십니다. 그러나 결국 "그분께서는 큰 인물이 되시고 지극히 높으신 분의 아드님"(1,32)이 되십니다. 신약의 위대함은 감추어진 겨자씨와 같이 작지만 위대합니다. 구약의 연속선상에 있는 탄생 예고에는 신약만의 새로움도 존재합니다.

### 엘리사벳의 노래

성모님께서 예수님을 잉태하시기 전에 친척인 엘리사벳이 먼저 아이를 잉태했습니다. 즈카르야와 엘리사벳은 주님의 모든 계명과 규정을 따라 흠 없이 살았던 이들이었지만, 아이가 없었습니다. 당시에는 자녀의 출산은 하느님께서 주시는 복의 표징이었고, 아이를 낳지 못하는 것은 저주의 표상이었습니다. 루카 복음서 1장에는 머리말에 이어 세례자 요한의 출생 예고와 예수님의 탄생 예고가 이어서 나옵니다. 성모님은 가브리엘 천사에게 주님 탄생 예고를 들은 직후, "서둘러 유다 산악 지방에 있는 한 고을로"(1,39) 갔습니다.

성모님이 "서둘러" 갔던 까닭은 무엇일까요? 성모님은 가브리엘 천사에게 나이 많은 사촌 언니 엘리사벳이 아기를 가진 지 여섯 달이 되었다는 소식(1,36 참조)과 처녀인 자신이 아이를 갖게 된다는 소식을 들었습니다. 성모님은 이는 모두 인간의 능력이 아닌 하느님의 힘, 하느님께서 하시는 일임을 확신했고, 그래서 사촌 언니를 만나러 서둘러 갔습니다. 그런데 즈카르야의 집에 도착해 엘리사벳을 만나

인사하는 순간 더 놀라운 일이 일어납니다. 성모님의 인사말을 듣자, 엘리사벳 뱃속의 아기가 뛰놀았고, 엘리사벳은 "성령으로 가득 차" (1,41) 큰 소리로 외쳤습니다. "당신은 여인들 가운데에서 가장 복되시며 당신 태중의 아기도 복되십니다."(1,42). 성모님과 태중의 아기에게 복되다고 찬사를 보냈던 엘리사벳은, 성모님은 복되시다는 언급을 재차 하기도 합니다. 성모님께서 복되신 이유는 주님의 어머니가 되셨기 때문이고, 동시에 "주님께서 하신 말씀이 이루어지리라고 믿으신 분"(1,45)이기 때문입니다. 엘리사벳은 성령으로 가득 차 있었기에, 성모님께서 주님의 어머니가 되셨고, 주님 말씀이 이루어지리라 믿는 사람임을 알아볼 수 있었습니다. 엘리사벳이 성령으로 가득 차 있었기에, 그 뱃속의 아기도 성모님의 뱃속에 잉태된 예수님을 알아보고 기뻐 뛰놀았던 것입니다.

엘리사벳의 노래에 이어, 성모님께서도 긴 찬미의 노래를 부르십니다. 엘리사벳의 노래는 기도가 되어 우리가 아는 '성모송'의 원형이 되었고, '마리아의 노래'(1,46-55)는 '마니피캇Magnificat'이라는 제목의 노래로 성무일도 저녁 기도 때마다 바쳐집니다. "내 영혼이 주님을 찬송하고Magnificat anima mea Dominum"로 시작하는 이 기도는, 구약 성경의 여러 대목을 인용하여 이스라엘과 맺은 계약을 이행해 주신 하느님께 드리는 감사와 찬미입니다. 이때 구약의 내용이 성모님을 통해 예수님으로 이어집니다. 즉, 하느님의 구원 계획에 성모님께서 "예!"라고 순종하시고 응답하심으로써 구세주 그리스도의 구원 신비가 시작되고, 이어지는 위대한 순간을 드러냅니다. 이후 성모님은 "석 달가량 엘리사벳과 함께 지내다가 자기 집으로 돌아갔다."(1,56)라고 복음서는 전합니다. 그 석 달가량은 성모님께서 사촌 언니가 해산할 때까지 곁에 머물면서 돌봐 주고, 동시에 두 사람이 함께 하느님의 뜻을 마음에 새겨 기도하는 시간이었을 것입니다.

"인간의 비참함을 모르고 하느님을 아는 것은
오만을 낳는다.
하느님을 알지 못하고 인간의 비참함을 아는 것은
절망을 낳는다."(『팡세』, 파스칼)

# 05 예수님 탄생 – "성령으로 인하여 동정녀 마리아에게서"

### 동정녀와 임마누엘

예수님께서는 "한처음에"(요한 1,1), 즉 세상 창조 이전부터 하느님과 함께 계셨고, '하느님의 말씀Logos'이 사람이 되시어 우리 가운데 사시는 분(1,14 참조)이시며, '우리와 함께하시는 하느님', 즉 "임마누엘(Immanu+El)"(마태 1,23)이십니다. 사람이 되신 하느님의 말씀은 창조 이전부터 계셨던 하느님의 아들이시자, 구약의 이스라엘이 믿었던 야훼 하느님과 같은 분이십니다. 제2위격이신 천주 성자께서 한 여인의 몸을 통해 이 땅에 오셨습니다. 그 여인의 이름인 마리아Maria는 라틴어식 표현이고, 히브리어로는 미리암Miriam, 예수님 시대에 사용했던 아람어로는 미르암입니다.

나자렛이 고향인 마리아를 복음사가들은 '동정녀'라고 합니다. 마태오 복음서 1장 23절의 '동정녀'라는 표현은 이사야서에서 근거를 찾을 수 있습니다. "젊은 여인이 잉태하여 아들을 낳고 그 이름을 임마누엘이라 할 것입니다."(이사 7,14). 여기 등장하는 "젊은 여인"을 '칠십인역 성경'(Septuaginta, LXX)에서 '동정녀Parthenos'로 번역했고, 초기 교회의 교부들은 이 구절에 근거해 메시아가 동정녀에게서 태어날 것이라 믿었기에, 동정녀 출산과 메시아 탄생을 결부시켰습니다.

하지만 당시 유다인들은 예수님을 메시아가 아니라고 부정하면서, 이사야 예언자가 언급한 것은 젊은 여인이지 동정녀가 아니라고 말합니다. 히브리어로 젊은 여인은 '알마Almah'이고, 동정녀는 '베툴라Betulah'인데, 이사야서에는 '알마'라는 단어가 사용되었다는 것이 그 이유였습니다. 하지만 당시 일반적으로 '젊은 여인'을 지칭하는 말은 '알마'가 아니라 '나아라Naala'였습니다. 또한 '알마'라는 호칭은 가임기 여성이나 처녀, 동정녀 등으로 흔히 사용되었고, 앞서 언급한 것처럼 칠십인역 성경에서 이 단어를 동정녀로 번역했기에, 초기 교회와 복음사가들 또한 동정녀로 해석한 것입니다. ""보아라, 동정녀가 잉태하여 아들을 낳으리니 그 이름을 임마누엘이라고 하리라." 하신 말씀이다. 임마누엘은 번역하면 '하느님께서 우리와 함께 계시다.'는 뜻이다."(마태 1,23).

### 예수님 탄생 예고(루카 1,26-38)

루카 복음서 1장의 중반부에는 예수님의 탄생 예고가 등장합니다. 천사가 마리아께 인사하며 "은총이 가득한 이여, 기뻐하여라. 주님께서 너와 함께 계시다."(1,28)라고 말했습니다. 당시의 일반적인 인사는 "평화가 당신과 함께!"라는 의미의 히브리어 '샬롬Shalom'이었습니다. 그러나 천사는 그리스식 인사인 '카이레Chaire', 곧 "기뻐하여라."라고 합니다. '기쁨chaire', '은총charis'과 같은 어원을 가진 '카이레'는 '아베Ave'로도 번역할 수 있습니다. 복음서에서 '카이레'라는 표현이 대표적으로 사용되는 경우는 천사가 목동들에게 예수님의 탄생을 알리며 했던 인사(루카 2,10 참조)와 부활하신 예수님을 만난 제자들의 감정(요한 20,20 참조)을 표현할 때였습니다.

"기뻐하여라."라는 인사말의 의미는 무엇일까요? 구약 성경 스바니아 예언서에서 이유를 찾을 수 있습니다. "딸 시온아, … 기뻐하고 즐거워하여라. … 주님께서 네 한가운데 계시니."(스바 3,14-15). 하느님께서 함께 계시는 것이 기쁨의 이유이고, "네 한가운데 계시니."라는 표현은 "네 모태 안에 계시다."라고 바꿔 말할 수 있습니다. 스바니아서의 이 구절은 시온에 있는 계약의 궤 안에 하느님께서 거처하심을 기뻐하는 구절입니다. 초기 교회는 성모님을 시온의 딸로 여겼고, 복음사가들은 예수님 탄생 예고 때에 성모님께서 바로 하느님의 약속이 실현되는 계약의 궤, 즉 주님이 머무시는 거처가 된다고 여겼습니다. 요한 복음서의 "말씀이 사람이 되시어 우리 가운데 사셨다."(1,14)라는 구절에서 "사셨다."라는 그리스어 단어 '에스케노센ἐσκήνωσεν'의 원래 의미는 '천막을 치다.'입니다. 즉, 구약 시대에 성막을 치고 계약의 궤를 모신 것처럼, 신약이 시작되면서 하느님의 말씀이 성막과 같은 성모님의 태 안으로 들어가셨다는 의미입니다.

### 성령에 의한 잉태

"성령께서 너에게 내려오시고 지극히 높으신 분의 힘이 너를 덮을 것이다. 그러므로 태어날 아기는 거룩하신 분, 하느님의 아드님이라고 불릴 것이다."(루카 1,35). 예수님의 탄생 예고에서 눈에 띄는 장면은 성령을 통한 잉태 예고입니다. 사도 신경에도 등장하는 이 대목은 동정녀 마리아를 통해 하느님이 말씀이 사람이 되시는 과정을 설명합니다. 이는 성령의 직접적인 개입과 현존을 드러내는 것으로, 구약의 계시 방식과 유사하면서도, 구약을 뛰어넘는 완전히 새로운 사건입니다. '성령으로 잉태하심'은 예수님의 탄생이 하느님께서 주도하신 신비로운 사건이며, 인간에 의한 것이 아님을 분명히 드러내는 것입니다. 신경의 고백처럼, 성령은 "생명을 주시는 주님"이시기에 성령께서는 동정녀에게서 하느님의 아드님을 태어나게 하는 생명의 원리이십니다.

이때 천사는 성모님께 '예수'라는 이름을 알려 줍니다(루카 1,31 참조). '예수Jesus'라는 이름은 라틴어이고, 히브리어로는 '예슈아Yeshua'입니다. 예슈아, 그리고 '호세아Hosea'는 모두 '하느님이 구원하신다.', '하느님은 구원이시다.'라는 의미의 '여호수아Yehoshua'에서 파생된 이름입니다. '예슈아'는 탈출기 3장에서 모세에게 전해진 하느님의 이름, '야훼JHWH'와도 연관된 것임을 암시합니다. 이는 불타는 떨기나무에서 시작된 하느님의 이름 '야훼'에 대한 계시가 마리아를 통해 이루어지는 예수님의 잉태로 분명해집니다.

### 말씀이 사람이 되신 이유

요한 복음서는 '말씀'에 대한 이해를 강조합니다. "한처음에 말씀이 계셨다. 말씀은 하느님과 함께 계셨는데 말씀은 하느님이셨다."(요한 1,1). 창세기 1장에는 하느님께서 '말씀'하시니 세상이 시작되고, 낮과 밤이 생겼다고 나옵니다. 말씀을 통해 세상이 시작되고, 말씀은 하느님과 함께하시는 하느님이신데, 요한은 그 '말씀Logos이 사람이 되셔서 우리 가운데 계신 분'(요한 1,14 참조)을 예수님이라 증언합니다. 말씀이 사람이 되신 후 새로운 세상이 시작됩니다.

하느님의 말씀이 사람이 되신 까닭은 무엇일까요? 바로 인간을 구원하시고, 영원한 생명에 이르게 하시기 위해서입니다. 사랑의 하느님께서 인간에게 참행복의 길을 가르쳐 주셨습니다. 불완전하고 고통 가득한 인간의 삶에 참된 행복의 길을 가르쳐 주셨습니다. "나는 길이요 진리요 생명이다."(요한 14,6). 예수님께서는 하느님께 가는 길, 구원의 길입니다. '길道'을 깨우친다는 것은 예수님의 말씀과 행적을 따라가는 것이고, 이 길이 구원의 길, 생명의 길, 행복의 길입니다. 예수님께서 왜 이 땅에 오셨을까요? 우리에게 인간다운 삶의 길을 알려 주시기 위해서입니다. 예수님처럼 살면 때로는 힘들고 고통스러울 것을 알지만, 결국 이 길이 옳다고 믿고 사는 것이 신앙입니다.

예수님께서 이 땅에 오신 이유는, 인간이 삶에서 겪는 모든 문제에 관한 올바른 정답을 때로는 말로, 때로는 삶으로 보여 주시기 위해서입니다. 예수님은 당신이 가신 길을 잘 따라오라고 우리를 초대하시고 도와주십니다. 예수님은 오늘도, 그리고 앞으로도 삶에 지치고 힘든 우리에게 이렇게 말씀하십니다. "나처럼 해 봐요, 요렇게!"

"네 길을 주님께 맡기고 그분을 신뢰하여라.
그분께서 몸소 해 주시리라."(시편 37,5)

# 06 성모 마리아 – 신앙과 순종

### 기도는 하느님 현존 체험

기도란 무엇인가요? 쉬우면서도 어려운 질문입니다. 많은 사람들이 기도는 '하느님과의 대화'라고 합니다. 틀린 말은 아니지만, 하느님과의 '대화'가 무엇인지에 대해서는 많은 설명이 필요합니다. 기도에서 가장 중요한 점은 우리 마음을 하느님께 향하는 것이고, '지금, 여기서' 하느님 현존을 체험하는 것입니다. 하느님께서 나와 함께하신다는 것을 체험하며 기도하는 사람은 하느님과의 관계를 잘 맺을 수 있습니다.

그런데 기도를 하면서 자신이 바라는 바를 끊임없이 이야기하는 사람이 있습니다. 물론 잘못된 것은 아닙니다. 그저 신앙의 초보 단계라 할 수 있습니다. 본래 기도는 내가 하는 말을 하느님께서 들으시는 것이 아니라, 하느님께서 하시는 말씀을 내가 듣는 것입니다.

내 마음이 고요해질 때까지 참고 기다린 후, 하느님 말씀을 듣는 것이 기도입니다. "제게 기도란 마음을 들어 올리고 온전히 하늘을 바라보는 일이며, 시련이나 기쁨의 한가운데에서 감사와 사랑의 마음으로 외치는 일입니다."(아기 예수의 데레사 성인). 침묵은 하느님을 두려워하는 첫 단계이자, 지혜에 이르는 첫 단계입니다. 침묵이란 무엇보다 조용히 듣는 것입니다. 신앙생활을 시작하는 분이나, 기도가 익숙하지 않은 분은 지금처럼 하느님께 바라는 바를 청하시고, 기도문을 외우는 염경 기도나 묵주 기도를 꾸준히 바치시며, 특히 그날 미사의 독서와 복음을 읽고 묵상해 볼 것을 권합니다. 기도를 해야만 신앙이 자라날 수 있습니다.

### 신앙이란 하느님 말씀에 순종하는 것

성모님은 성령으로 말미암아 예수님을 잉태한 후, 사촌 언니 엘리사벳을 방문하셨습니다. 성모님을 만난 엘리사벳은 의심하지 않고, 본인의 경험에 근거해 하느님의 개입을 이해할 수 있었습니다. 엘리사벳은 성모님께 여인들 중에 가장 복된 분이시라고 축복의 말을 전했습니다(루카 1,42 참조). 하느님의 구원 계획이 극적으로 이루어지는 시점에서 두 여인의 적극적인 응답과 협력은 우리가 믿고 있는 신앙의 의미를 설명해 줍니다. 신앙이란 '하느님 말씀에 순종'하는 것입니다. 제 뜻대로 마시고 아버지 뜻대로! 수난 전날 밤 예수님께서 기도하셨던 것처럼, 온전히 이해할 수 없어도 하느님 말씀이라면, 하느님의 뜻이 분명하다면 받아들이고 따르는 것이 신앙입니다.

복음서는 성모님께서 예수님을 잉태하리라는 천사의 말에 몹시 놀라고 두려워하였으며, 그 의미를 온전히 이해하지 못했다고 전합니다(루카 1,29-30 참조). 그래서 성모님이 마음속으로 "곰곰이 생각하였다."(루카 1,29)라고 덧붙였습니다. 하느님의 뜻을 이해하기 위해서는 시간이 필요합니다. 기도할 시간, 받아들일 시간이 필요합니다. 하느님의 말씀이 분명하다면, 하느님의 뜻이 분명하다면, "예!" 하고 받아들이는 것이 신앙입니다.

가브리엘 천사로부터 주님 탄생 예고를 들으신 성모님은 자신을 가난하고 비천한 종이라 고백하셨습니다. 하느님을 만나는 방법, 하느님의 은총을 가득히 받는 방법이 바로 이렇습니다. 하느님 말씀 앞에서 겸손하게 순종, 순명하는 것입니다. 구약의 아브라함이 믿음을 통해 하느님의 선택과 약속을 받은 것처럼, 성모님도 믿음을 통해 예수님을 받아들였습니다.

"은총이 가득한 이여, 기뻐하여라. 주님께서 너와 함께 계시다."(루카 1,28). 이는 예수님 탄생의 의미와 동시에 성모님과 믿는 이들의 미래를 알려 줍니다. 예수님은 '우리와 함께하시는Immanu' '하느님El'이십니다. 인간과 함께하시겠다는 하느님의 약속은 구약에서도 하느님의 사명을 부여받은 이들에게 내려 주신 말씀이었습니다(참조: 판관 6,12; 1역대 22,11.16). 주님께서는 성모님을 통해 우리와 함께하신다고 확약하셨습니다. "말씀하신 대로 저에게 이루어지기를 바랍니다."(루카 1,38). 이는 성모님의 응답이었고, 동시에 믿는 이들과 교회의 응답이어야 합니다. 은총이 무엇이고, 구원이 무엇인가에 대한 질문과 대답에서 성모님은 우리에게 모범을 보여 주십니다. 하느님의 계획과 은총에 성모님처럼 신앙적으로 순종해야 합니다. 구원은 하느님께로부터 비롯되는 것이고, 하느님께서는 당신 혼자서도 모든 것을 이루실 수 있지만, 인간이 순응하고 협력한다면, 우리는 은총을 체험하고 구원에 이를 수 있습니다.

### 시온의 딸, 새 하느님 백성

가톨릭 교회에서 성모님이 중요한 이유는 신학적인 면인가요, 아니면 신앙적인 면인가요? 정답은 '둘 다!'입니다. 성모님은 신학적으로도 매우 중요하십니다. 제2차 바티칸 공의회의 「교회 헌장」은 성모님께 다양한 호칭을 부여했습니다. 대표적으로는 '교회의 어머니 Mater Ecclesiae'가 있습니다. 암브로시오 성인이 처음 붙인 것으로 알려진 이 호칭은 성모님께서 신앙과 사랑으로 예수 그리스도를 잉태, 출산, 양육하셨고, 한평생 그리스도와 일치하는 삶을 사셨기에, 성모님을 교회의 원형이자 모범이며, 교회의 어머니라 부른 것입니다.

성모님에 대한 또 다른 호칭은 '시온의 딸'입니다. '시온Zion'은 다윗이 여부스인들에게 빼앗은 예루살렘성으로(2사무 5,6-7 참조), 예루살렘의 동쪽 산마루, 성전 남쪽에 위치합니다. 솔로몬은 그 북쪽에 하느님의 성전을 지어 '계약의 궤'를 모셨습니다(1열왕 6장 참조). 구약 시대에 계약의 궤는 그 자체로 하느님의 현존을 의미했습니다. 궤 안에는 모세의 십계명 돌판, 만나가 든 금 항아리, 아론의 지팡이가 들어 있었다고 전해집니다(참조: 탈출 25,21; 민수 17,25; 히브 9,4). 다윗과 이스라엘 백성이 계약의 궤를 모시는 천막을 마련했고, 훗날 솔로몬이 성전을 건축했습니다. 이후 '시온'은 예루살렘에 있는 '하느님의 성스러운 산'(시편 2,6 참조)을 의미했고, 예루살렘을 가리키는 대명사(이사 1,27 참조)로도 쓰였으며, 천상 도시의 은유적 표현(참조: 히브 12,22; 묵시 14,1)으로 사용되기도 했습니다. 결국 '시온'은 예루살렘 전체(참조: 즈카 8,2-3; 미카 3,12-4,2)를 가리키거나, 예루살렘의 중심인 성전 자체 혹은 성전이 있는 자리를 의미합니다. 그곳은 그리스도인들에게는 최후의 만찬과 성령 강림이 이루어진 곳이고, 제자들이 성모님과 함께 머물던 곳입니다.

'시온' 혹은 '시온의 딸'은 원래 구약의 이스라엘 백성, 즉 하느님의 선택을 받고 계약을 맺은 구약의 하느님 백성을 가리켰습니다. 그와 동시에 '시온의 딸'은 새 하느님 백성의 탄생을 암시합니다. 그들은 모든 이스라엘 백성이 아니라, 유배에서 돌아온 '남은 자들'처럼 선택 받은 의인들이며, 그들에게서 새 하느님 백성이 나올 것입니다. 구약에서 '남은 자들'은 하느님께 선택된 자들이며, 동시에 하느님의 구원 사업을 행하는 자들입니다. 따라서 '시온의 딸'은 하느님께 선택된 자, 하느님을 믿고 따르는 자, 하느님의 공동 협력자입니다. 초기 그리스도교는 성모님을 '시온의 딸'로 이해했고, 그에 연관 지었습니다.

이에 근거해 많은 신학자들은 성모님을 '참된 이스라엘', '시온의 딸'로 불렀고, 이 내용이 제2차 바티칸 공의회로 전해져 가톨릭 교회의 공식 입장이 된 것입니다.

"신앙이란 세상의 어둠 속에서 하느님의 손을 잡은 채로,
고요히 그분의 말씀을 듣고,
그분의 사랑을 바라보는 것 외에 다른 것이 아니다."
(베네딕토 16세 교황,
2013년 2월 23일 교황직 사임 직전 사순 시기 피정을 마치며)

**이것만은 꼭!**

# 성경이란?

### 성경의 구성과 내용

'성경聖經'을 예전에는 '성서聖書'라고 불렀습니다. 별 차이는 없지만, 성서가 책의 의미를 부각했다면, 성경은 경전의 의미를 더 부각시킵니다. 그리스도교의 경전이라는 의미에서 성경이 좀 더 적합하다고 볼 수 있지요. 성경은 구약 46권과 신약 27권, 총 73권으로 이루어져 있습니다. 그러나 73권의 성경은 가톨릭 교회에만 해당됩니다. 가톨릭 교회와 개신교에서 동일하게 신약을 27권으로 규정한 한편, 구약의 경우는 유다교 24권, 개신교 39권, 가톨릭 교회 46권으로 권수가 각각 다릅니다. 이런 차이는 어째서 생긴 것일까요?

최초에 히브리어로 작성된 구약의 문헌들이 있었습니다. 그러나 유다 민족은 이후 이스라엘이 아닌 외국에서 오랜 시간을 살게 되면서 각지에 '디아스포라', 곧 이산 공동체를 형성했고, 시간이 지나 히브리어를 잊은 세대가 등장하면서 당시의 대중 언어였던 그리스어로 구약 성경을 번역했습니다. 기원전 3세기 이집트의 알렉산드리아에서 그리스어로 번역된 구약 성경을 '칠십인역 성경'(LXX, Septuaginta)이라 합니다. '칠십인역 성경'에서는 구약을 46권으로 구분했습니다. 원래 24권이었던 기존의 구약 성경 중 역사서 일부를 상·하권으로 나누고, 1권이던 소예언서를 12권으로 분리해 39권이 되었으며, '제2경전'이라 불린 토빗기, 유딧기, 마카베오기 상·하권, 지혜서, 집회서, 바룩서까지 7권이 추가되었습니다. 기원후 90년, 유다교 대표들은 얌니아라는 곳에서 구약 문헌들 중 기존의 24권만을 정경正經으로 인정했습니다.

초기 그리스도교는 당시 보편적이던 '칠십인역 성경'을 히브리어 성경 대신 사용했습니다. 신약 성경에 인용된 구약 성경도 대부분 '칠십인역 성경'이었습니다. 이후 로마 시대에 이르러 라틴어가 대중 언어의 자리에 오르자, 예로니모 성인이 '칠십인역 성경'과 그리스어 신약 성경을 라틴어로 번역했습니다. 이를 '불가타Vulgata(대중적인) 성경'이라 합니다.

교회는 구약 46권과 신약 27권으로 구성된 불가타 성경을 활용했는데, 1517년 종교 개혁 시기에 성서학 박사였던 마르틴 루터가 원래의 히브리어 성경만을 구약 성경으로 인정하면서, 이후 개신교에서는 39권만을 구약의 정경으로 인정하고, 제2경전에 해당하는 성경을 '외경外經'으로 규정했습니다. 가톨릭 교회는 트리엔트 공의회(1548년)

제1장 예수님의 탄생

에서 불가타 성경을 정경으로 재확인했고, 구약 39권은 물론 제2경전 7권도 똑같은 성경으로 인정했습니다. 참고로 동방 교회 역시 '불가타 성경'을 정경으로 인정합니다.

## 하느님 말씀이 그리스도교의 중심

'개신교는 말씀 중심, 가톨릭은 성사 중심'은 맞는 표현일까요? 잘못된 표현입니다. 모든 그리스도교는 '하느님 말씀'이 중심입니다. '하느님 말씀'은 성경이 아닙니다. 2천 년 전 태어나신 예수님께서 그리스도, 하느님의 아들, 구세주라 믿고 따르는 것이 그리스도교입니다. '예수님'은 "하느님의 말씀이 사람이 되시어 우리 가운데 사신 분"(요한 1,14 참조)이십니다. 따라서 '하느님 말씀=예수 그리스도'이십니다. '성경=하느님 말씀'이 아니고, 성경은 '하느님 말씀이신 예수 그리스도에 대해 증언하는 책'입니다.

계시란 하느님께서 인간에게 알려 주신 하느님 신비이고, 이 신비는 성경과 성전(聖傳, 성스러운 전통 · 전승)에 제시됩니다. 기록으로 전달된 계시인 성경과 기록되지 않고 전달된 계시인 성전의 주체이자 결론은 '하느님 말씀'이신 예수 그리스도이십니다. 모든 계시는 그리스도 안에서 이미 완성되었고, 교회를 통해 그리스도의 현존이 지속됩니다.

예수님의 말씀과 행적을 두 글자로 '복음福音'이라 합니다. 이 복음을 기록한 책이 복음서입니다. 초기 교회는 당시 '복음서'라는 이름으로 쓰였던 많은 책들 중, 오직 네 권만을 '복음서'(4복음서)로 인정했습니다. 예수님의 가르침은 복음서와 신약의 여러 책에 '기록된 것'도 있지만, '기록되지 않은 것'도 있습니다. '기록되지 않은 것'은 예수님과 함께했던 사도들이 실제 목격한 증언으로 교회를 통해 전달되었습니다. 따라서 하느님의 말씀은 기록된 계시인 성경과 기록되지 않은 계시인 성전을 통해 전달됩니다.

하느님의 말씀을 기록으로 증언한 성경은 매우 중요합니다. 그런데 '오직 성경만으로sola scriptura'를 외치는 개신교의 주장이 가톨릭 교회 안에도 많이 스며들었습니다. 성경은 구원의 진리를 담고 있고, 하느님의 계시를 충실히 전달하지만, 기록된 성경은 해석이 반드시 필요합니다. 성경은 살아 있는 교회의 신앙인 성전을 통해 살아 있는 말씀으로 전달될 수 있습니다. 하느님의 말씀은 아무나 해석하고, 뜻을 풀이해서는 안 됩니다. 그리스도와 성령께서 사도들에게 맡기신 하느님의 말씀은 교회를 통해 사도들의 후계자들에게 전달되었기에, 그 후계자들, 즉 교도권이 성령의 빛을 받아 말씀을 충실하게 보존하고, 올바르게 해설하며, 온 세상에 전파합니다. 정리하자면, '그리스도교의 중심=하느님 말씀=예수 그리스도'이시며, 우리는 교회의 성경과 성전을 통해 예수 그리스도를 알고, 믿게 됩니다.

### 성전과 성경의 상호 관계

「계시 헌장」은 총 6장으로 구성되어 있습니다. 각 장의 제목은 제

1장 계시 그 자체, 제2장 하느님 계시의 전달, 제3장 성경의 영감과 그 해석, 제4장 구약 성경, 제5장 신약 성경, 제6장 교회 생활과 성경입니다. 이 헌장은 계시의 본질과 목적을 다루면서, 계시를 하느님께서 당신 자신을 알려 주시는 것, 즉 하느님의 자기 전달로, 계시의 목적을 인간의 구원으로 정의합니다. 특히 2항과 4항에서는 예수 그리스도께서 "모든 계시의 충만"이자, "계시를 완성하셨다."라고 선포하며, 또한 그리스도께서 재림하시기 전에는 어떤 새로운 공적 계시도 바라지 말라고 합니다.

중요한 점은 그리스도의 말씀과 행적 등 그분의 모든 것이 성령의 도움으로 사도들에게 전해졌고, 사도들과 후계자들은 이를 보전, 전달, 계승하는 책임이 있다는 것(7항 참조), 사도들로부터 이어 온 '성전 聖傳'은 성령의 도움으로 교회 안에서 발전한다는 것(8항 참조)입니다. 기록되지 않은 계시인 성전과 기록된 계시인 성경은 하느님에게서 나왔고, 하느님을 지향하기에 서로 긴밀하게 연결되며, 서로 상통합니다. 특히 성경은 성령의 감도로 기록되었기에 하느님 말씀이라 할 수 있지만, 반대로 하느님 말씀이 곧 성경이라고는 할 수 없습니다. 하느님 말씀은 언제나 예수 그리스도이시고, 성전 역시 사도들을 통해 전해지는 하느님 말씀이기 때문입니다. 헌장은 "교회는 오로지 성경만으로 모든 계시 진리에 대한 확실성에 이르게 되는 것이 아니"(9항)라고 밝힙니다.

가톨릭 교회는 성경을 거룩한 것, '정경'(正經, Canon)으로 여깁니다.

이 책들이 성령의 감도로 기록되었고, 하느님께서 저자이시며, 그렇게 교회에 전달되었기 때문입니다(11항 참조). 인간의 언어로 기록되었지만, "성경은 전부 하느님의 영감으로 쓰인 것"(2티모 3,16)이기에 함부로 해석해선 안 됩니다. 성경을 읽고 해석할 때는 성령의 도움이 필요한 까닭입니다. 가톨릭 교회는 성경 해석을 위한 3가지 원칙을 제시합니다(12항 참조). 첫째, 성경은 신앙의 내용이기에 교회의 살아 있는 전통 안에서 읽고 해석해야 합니다. 둘째, 성경의 내용은 신앙의 유비(類比, analogia) 안에서 해석되어야 합니다. 즉 성경의 내용은 전체 계시와의 연관성 안에서 신앙적으로 해석되어야 합니다. 셋째, 성경은 전체적 단일성 안에서 해석되어야 합니다. 창세기부터 요한 묵시록까지 모든 성경은 하느님께로부터 나온 것이고, 그리스도를 지향하며 성령의 영감으로 작성되었기에, 성경 전체의 일체성이 고려되어 해석되어야 합니다.

> "우리가 기도할 때에는 하느님께 말씀을 드리는 것이고,
> 우리가 하느님 말씀을 읽을 때에는
> 그분의 말씀을 듣는 것이다."(성 암브로시오)

"나는 길이요 진리요 생명이다.
나를 통하지 않고서는
아무도 아버지께 갈 수 없다."

(요한 14,6)

제 2 장

# 예수님의 공생활

# 01 예수님의 어린 시절 그리고 성 요셉

### 그리스도이신 예수

4복음서에는 예수님의 탄생이나 어린 시절에 대한 자세한 묘사가 나오지 않습니다. 예수님의 탄생에 대해서는 마태오와 루카 복음서에 짧게 묘사되고, 특히 어린 시절에 대해서는 루카 복음서에만 짤막하게 다룹니다(루카 2,40-52 참조). 그것은 복음서의 저술 목적이 예수님의 생애를 요약하거나 소개하는 데 있지 않기 때문입니다. 모든 복음서는 한결같이 '예수님은 그리스도이시다.' 곧, 예수라는 한 인간이 하느님의 아들이신 그리스도라는 점에 초점을 맞추고 있으며, 특히 그분의 수난과 죽음과 부활의 서술에 모든 역량을 집중합니다. 요한 복음서의 마지막 즈음에는 '복음서를 쓴 목적'이라는 글을 두어 그 까닭을 이렇게 정리합니다.

"예수님께서 그리스도(메시아)시며 하느님의 아드님이심을 여러분이 믿고, 또 그렇게 믿어서 그분의 이름으로 생명을 얻게 하려는 것이다."(요한 20,31). 신약 성경 그리스어 원문에는 '그리스도'로 표기되어 있지만, 한글로 번역하면서 '메시아'가 되었습니다. 그러나 오늘날에는 그리스도와 메시아라는 단어가 동일한 의미로 사용되지만, 복음서가 쓰인 당시에는 두 단어에 분명한 차이가 미소하게나마 있었기에, 한글로 번역할 때도 '그리스도'로 했다면 더 좋지 않았을까 하는 생각이 듭니다. 아무튼, 요한 복음사가는 예수님이 그리스도, 즉 하느님의 아드님이시라고 분명하게 알려 줍니다.

'그리스도Χριστός'는 '기름부음 받은 사람'이라는 뜻입니다. 구약 시대에 기름부음은 하느님 사명을 수행하는 사람으로 선택된 경우에만 받을 수 있었습니다. 왕과 사제, 예언자가 이에 해당합니다. 사무엘기 상권 16장에는 사무엘이 하느님의 선택을 받은 어린 다윗에게 기름을 붓는 장면이 나옵니다. '예수Jesus'는 '하느님은 구원이시다.'라는 뜻입니다. 구약 성경에 나오는 눈의 아들 여호수아나 예언자 호세아와 어원이 비슷합니다. '예수 그리스도'에서 '예수'는 이름이고, '그리스도'는 이분에 대한 칭호입니다. 나자렛 사람인 마리아의 아들로 베들레헴의 마구간에서 태어나 나자렛에서 자랐고, 훗날 갈릴래아 호숫가 근처에서 주로 활동했던 '예수'라는 젊은이를 사람들은 '그리스도', 곧 메시아, 구세주라 부를 것입니다.

그런데 예수님의 지상 부모 중 성모님에 대해서는 평소에 듣고 또 아는 것이 비교적 많은 반면, 요셉 성인에 대해서는 알려진 것이 많지 않습니다. 이분은 과연 어떤 분이셨을까요?

### 의로운 사람, 요셉

마리아는 요셉과 혼인하여 예수님을 낳게 됩니다. 당시 부부가 되는 과정은 크게 세 단계를 거쳤습니다. 양가 부모는 어린 두 아이의 혼인을 약속하고, 어느 정도 자란 후 정혼합니다. 어릴 때 약혼했더라도 이때 파혼이 가능합니다. 결혼 의사를 밝히면 1년 정도 정혼 단계를 밟게 되고, 이때 서로 남편 혹은 아내라 부르지만, 함께 살지 않습니다. 다음이 결혼 단계이고, 이때부터 한집에서 삽니다.

성경에 언급되는 마리아와 요셉은 정혼 단계였습니다. 이때 요셉은 마리아의 임신을 알게 됩니다. 요셉은 마리아를 간음죄로 고발할 수 있었지만, 요셉은 "의로운 사람이었고 또 마리아의 일을 세상에 드러내고 싶지 않았으므로, 남모르게 마리아와 파혼하기로 작정"(마태 1,19)하였습니다. 그때 천사가 요셉에게 마리아의 잉태는 성령으로 말미암은 것이라 말합니다. 자기 약혼녀가 성령으로 인해 아이를 가졌다는 말을 요셉은 온전히 깨달았을까요? 아마도 온전히 이해하고 받아들이기 어려웠을 텐데, 요셉은 하느님 뜻이라 확신했기에 하느님 말씀대로 살기로 작정합니다. 율법에 충실한 요셉이었지만, 마리아에 대한 사랑 때문에 율법대로 약혼자를 고발하지 않습니다. 율법이 중요하지 않아서가 아니라, 사랑이 더 중요했기 때문입니다.

'의로운 요셉', 성경에서 '의로운'이란 단어는 하느님 말씀과 계명을 충실히 지키는 사람을 의미합니다. 요셉의 의로움은 믿음에서 기인하고, 믿음을 통해 얻은 의로움입니다. 요셉의 의로운 행동은 구원 역사와 성가정의 바탕이 되었고, 신앙인들의 모범이 되었습니다. 이후 요셉은 예수님 탄생 중 마리아를 잘 돌보고, 이집트 피난 중에 성가정을 책임지셨으며, 예수님의 어린 시절에 보호자이자 교육자로 함께하셨을 거라 추정됩니다.

예수님의 직업은 흔히 '목수'(τέκτων[테크톤])라 하는데, 양부셨던 요셉의 직업이 목수였기 때문입니다. 사실 당시 목수라 불리던 직업은 나무와 돌 등 단단한 자재를 통해 모든 가구를 다루던 장인 내지 기술자, 혹은 집 짓는 사람을 의미했습니다. 공생활 이전 예수님은 양부이신 요셉 성인에게 배우신 대로 땀 흘려 일함으로써 겸손하고 건실한 삶의 자세를 배우셨습니다.

### 한국 천주교회의 수호성인

프란치스코 교황은 2020년 12월 8일부터 2021년 12월 8일까지를 '성 요셉의 해'로 선포했습니다. 12월 8일은 150년 전 비오 9세 교황이 마리아의 배필이신 요셉 성인을 '보편 교회의 수호자'로 선포한 날이었고, 한국 가톨릭 교회에도 특별한 날입니다. 이날은 '한국 교회의 수호자, 원죄 없이 잉태되신 복되신 동정 마리아 대축일'입니다. 한국 가톨릭 교회는 조선 교구가 설립되었을 때 북경 교구에 속했기에, 북경 교구의 수호성인인 요셉 성인을 조선 교구의 수호성인으로 모셔 왔습니다.

조선 제2대 교구장 앵베르 주교는 1838년 교황청 포교성성(현 '복음화부') 장관에게 서한을 보내 '성모무염시잉모태'(聖母無染始孕母胎, 원죄 없이 잉태되신 성모)를 조선 교구의 새로운 수호자로 정해 달라고 요청했습니다. 1841년 그레고리오 16세 교황은 이를 허락하며 요셉 성인의 축일도 수호자 축일로 지내라는 조건을 붙였고, 이로 인해 한국 가톨릭 교회의 수호성인은 두 분이 되었습니다.

하지만 한국 가톨릭 교회의 전례력에 12월 8일은 '한국 교회의 수호자, 원죄 없이 잉태되신 복되신 동정 마리아 대축일'이지만, 3월 19일은 '복되신 동정 마리아의 배필 성 요셉 대축일'로만 표기되어 있습니다. 이는 교황청 경신성사성(현 '경신성사부')이 각 나라의 교회는 한 분의 수호성인만 모시도록 한 권고를 따라, 2015년부터 한국 가톨릭 교회는 '원죄 없이 잉태되신 성모님'만 한국 교회의 수호성인으로 모셨기 때문입니다.

복음서에 등장하는 요셉은 한마디 말도 없습니다. 그는 하느님께 대한 순종과 믿음으로 성모님의 순결을 흠 없이 보호했고, 성가정의 가장 역할을 충실히 수행했습니다. 감탄할 만한 협력과 '침묵'으로 하느님 구원 계획의 비밀을 지켰습니다. 그의 의로운 삶은 성모님과 아기 예수님을 구했고, 어린 아들 예수님께는 하느님의 뜻을 실행하는 삶을 가르쳐 주었으며, 아버지로 살아가는 한 인간의 표상을 오롯이 보여 주었습니다. 그래서 교회는 그를 노동자의 수호성인이자 세계 교회의 수호성인으로 모십니다.

　하느님께서 인간을 창조하실 때 인간에게 자유 의지를 주셨기에, 인간은 자기 영혼을 파괴할 수도, 구원할 수도 있습니다. 하지만 인간은 삶의 목적이 결국 자기 영혼의 구원임을 깨달아야 하고, 영혼을 구원하기 위해서는 하느님의 말씀을 따라야 합니다. 하느님 말씀에 따라 살기 위해, 요셉 성인처럼 그리고 예수님처럼 땀 흘려 일하면서 겸손하고 건실하게 사는 법을 배워야 합니다. 때로는 고통을 겪기도 하지만, 자비를 실천하면서 살아야 합니다. 참된 인간은 성공이 아니라 성숙을 지향해야 하고, 하느님을 만나는 가운데 자신을 성장시켜 가야 합니다.

"인간이 무엇이기에 이토록 기억해 주십니까?
사람이 무엇이기에 이토록 돌보아 주십니까?" (시편 8,5)

## 02 광야 – "저희를 유혹에 빠지지 않게 하시며"

### 인간이 짓는 가장 큰 죄는?

그리스도교에서 말하는 '죄'는 우선 하느님께 지은 죄입니다. 『가톨릭 교회 교리서』에 따르면 죄는 하느님을 거부하는 것이고, 그분의 사랑을 받아들이지 않으며 계명을 지키지 않는 데서 드러난다고 합니다(385-390항 참조). 곧 하느님을 거스르는 것, 하느님을 외면하고 등지는 것이 죄입니다. 그다음으로는 나와 이웃에게 짓는 죄가 있습니다. 사랑하지 않고 미워하며, 의도했든 하지 않았든 해를 끼치고 누군가를 아프게 하는 모든 것이 죄입니다. 예수님께서 하느님 사랑과 이웃 사랑이 가장 큰 계명이라고 하신 것처럼, 하느님과 이웃에게 죄를 짓는 것이 가장 큰 잘못입니다. 인간은 불완전한 존재이기에 살다 보면 죄를 지을 수밖에 없습니다. 이런 인간의 처지를 하느님께서는 누구보다 잘 알고 계시고, 참고 기다려 주십니다.

그렇다면 인간이 짓는 죄 중 가장 큰 죄, 결코 용서받을 수 없는 죄는 무엇일까요? 바로 절망입니다. 자신의 구원에 대해 완전히 희망을 잃어버리고, 포기하는 것이 가장 큰 죄입니다. 지옥이란 절망이 가득한 상태입니다. 유다는 죄를 지은 뒤 절망에 빠져 스스로 하느님에게서 멀어져 갔습니다. 그러나 베드로는 배신이라는 큰 죄를 지었지만, 끝내 예수님을 완전히 떠나지 않았습니다. 그는 믿는 이들과 함께 머물면서 참고 견뎠습니다. 그래서 자신의 힘이 아니라, 하느님의 은총으로 부활하신 예수님을 만났고, 전혀 다른 삶을 살 수 있었습니다.

예수님께서는 사람이 짓는 모든 죄는 용서받을 수 있지만 단 한 가지, 성령을 모독하는 죄는 용서받을 수 없다고 말씀하십니다(참조: 마태 12,31-32; 마르 3,28-29; 루카 12,10). 모든 죄를 용서받을 수 있지만, 성령을 모독하면 용서받지 못한다고요? 그렇다면 성령을 모독하는 죄는 모든 죄에 포함되지 않는 것일까요?

모든 사람이 구원되기 바라시는 하느님 마음(하느님의 보편적 구원 의지, 1티모 2,4 참조), 그리고 모든 사람의 죄를 씻기 위해 기꺼이 십자가에 달리신 예수님 마음을 생각한다면 이해할 수 있습니다. 예수님 말씀처럼, 죄인이 진정 회개한다면 모든 죄를 다 용서받을 수 있습니다. 그런데 누군가 예수님 말씀을 믿지 못한 채, 자기 죄는 용서받지 못한다고 스스로 단죄하거나, 저 사람의 죄는 용서받지 못한다고 단정한다면, 이는 하느님을 모욕하고 성령을 모독하는 죄입니다. 인간이 보기에 용서받을 수 없을 것처럼 보이는 큰 죄가 있습니다. 하지만 하느님이 말씀하시는 용서의 범위는 모든 죄에 해당합니다. 하느님을 배신하고 하느님을 등진 사람까지도 기꺼이 용서해 주시겠다는 말씀입니다. 형제가 죄를 지으면 "일곱 번이 아니라 일흔일곱 번까지라도 용서해야 한다."(마태 18,22)라고 말씀하시는 예수님께서 용서 못 하실 죄가 뭐가 있겠습니까? 만일 진심으로 회개한다면, 모든 죄는 용서받을 수 있다는 것이 그리스도교의 믿음입니다.

구원이란 하느님을 바라보고 그분과 함께하는 것입니다. '회개悔改'의 동의어는 '회심回心' 혹은 '회두回頭', 즉 '고개를 돌리다.'이며, '하느님을 바라보다.'라는 의미입니다. 따라서 회개는 신앙과 동일한 의미이고, 죄의 반대말입니다. "죄가 많아진 그곳에 은총이 충만히 내렸습니다."(로마 5,20). 하느님이 원하시는 것은 죄인의 단죄가 아니라 회개, 즉 다시 하느님을 바라보는 것이라는 예수님 말씀을 꼭 기억해야 합니다. "하느님의 나라가 가까이 왔다. 회개하고 복음을 믿어라."(마르 1,15).

### 광야, 하느님 체험의 장

복음서를 보면 예수님께서는 "성령의 인도로" 광야에 가시어, 악마에게 유혹을 받으셨다고 기록되어 있습니다(마태 4,1 참조). 즉 악마의 계획이 아니라, 성령의 의도에 따라 광야에 가신 것입니다. 광야는 사막과 비슷한 곳입니다. 예수님이 가셨던 광야는 예루살렘과 예리

코 근처 사이의 사막으로 추정됩니다. 이곳은 척박하고, 사람이 살기 매우 어려우며, 시련과 고난이 가득한 곳입니다. 하느님 계획에 따라 광야에 나가시게 된 예수님은 단식 기도를 하셨고, 이후 악마(디아볼로스, 히브리어로는 '사탄')의 유혹을 받으십니다. 이 모든 것은 예수님께서 나중에 겪으실 공생활의 축소판입니다. 앞으로 겪으실 시련과 고난, 그리고 유혹 등을 미리 보여 줍니다. 우리 삶도 마찬가지입니다. 우리 삶도 때론 광야와 같고, 때론 젖과 꿀이 흐르는 곳 같기도 합니다. 우리의 일상생활 역시 광야처럼 시련과 고난의 연속이지만 동시에 하느님 은총을 체험할 시간과 장소이기도 합니다. 중요한 것은 우리가 어떻게 살 것인가에 대한 물음이고, 거기에 대한 답은 예수님의 말씀과 행적입니다. 예수님은 지상 생애 동안 죄를 제외하고는 모든 점에서 우리와 똑같이 사셨고, 우리가 겪는 유혹도 겪으셨습니다. "그분께서는 고난을 겪으시면서 유혹을 받으셨기 때문에, 유혹을 받는 이들을 도와주실 수가 있습니다."(히브 2,18).

예수님은 악마에게 세 가지 유혹을 받으십니다. 돌을 빵으로 만들라는 유혹, 성전 꼭대기에서 뛰어내려 하느님을 시험하라는 유혹, 악마에게 경배하면 세상을 다 주겠다는 유혹입니다. 유혹 장면을 보며 저는 이해가 안 되는 부분도 많았지만, 묵상할 부분도 많았습니다. 무엇보다 가장 특이한 점은 악마가 예수님을 유혹할 때 성경 말씀을 인용한다는 것입니다. "성경에 이렇게 기록되어 있지 않소? '그분께서는 너를 위해 당신 천사들에게 명령하시리라.'"(마태 4,6). 머리에 뿔

이 나 있고, 성난 얼굴에, 인상이 흉하다면 악마를 피하기 좋을 텐데, 악마가 우리를 유혹할 땐 가장 아름다운 얼굴로, 심지어 거룩한 모습으로 나타나기도 하는 것 같습니다. 아무튼 예수님의 가르침은 분명합니다. 하느님에게서 오지 않은 것은 아무것도 곁에 두지 말라는 것입니다. 인간은 완전하지 못합니다. 성경의 가르침에 따르면 인간은 선함이 무엇인지 알지만, 항상 거기에 맞춰 살지는 못합니다. 따라서 본인의 능력만으로 올바르게 사는 것은 거의 불가능하다는 것을 기억해야 합니다.

신약 성경에서 '죄'는 그리스어로 '하마르티아άμαρτία'입니다. 이 단어는 목표물을 맞히는 데 실패함을 의미합니다. 즉 성경에서 말하는 죄 혹은 죄 상태에 있음은 그들이 마땅히 살아야 하는 삶이라는 목표물을 맞히는 데 실패한 것, 혹은 제대로 살지 못했을 때를 의미합니다. 인간은 불완전하기 때문에 죄에 빠지기 쉽습니다, 그러니 죄를 짓지 말아야 하고, 덜 짓기 위해 노력해야 합니다. 그리고 선한 삶은 인간의 노력만으로 안 되고, 반드시 하느님 은총이 필요함을 깨달아야 합니다. 광야와도 같은 우리 일상생활에서 죄의 유혹에 빠지지 않도록 조심하시고, 잘못된 방식으로 문제를 해결하려 하지 마십시오. 쾌락으로 외로움을 달래는 것이 소금물로 갈증을 해결하려는 것과 같은 것처럼, 양심에 어긋나는 것을 피하시고, 하느님에게서 오지 않은 것은 곁에 두지 마시기 바랍니다.

"네가 방 안에 혼자 가만히 머물지 못하는 데서
모든 문제가 발생한다.
자기 스스로와 함께 있지 못하는 사람은
누구와 함께 있어도 외롭다."(어느 사막의 교부 말씀 중)

# 03   카나의 첫 기적과 성전 정화

### 요한 복음서의 특별함과 강조점

4복음서 중 네 번째 복음서는 앞의 세 권과 좀 다릅니다. 마태오, 마르코, 루카 복음서는 예수님의 말씀과 행적을 바라보는 관점이 비슷해서 '공관'(共觀, Synopsis, syn함께+opsis보다) 복음서라 합니다. 그런데 요한 복음서는 다른 세 복음서와 좀 다릅니다. 비교적 이른 시기(기원후 60-80년경)에 저술된 공관 복음서는, 예수님의 탄생, 공생활, 하느님 나라 선포, 수난과 죽음 등을 연대기적으로 서술하고 있습니다. 반면 넷째 복음서는 가장 나중에 기록되었으며(기원후 90-100년), 예수님의 신성과 영원한 생명, 예수님 메시지의 심오한 의미를 신학적으로 다루고 있습니다.

요한 복음서 1장은 머리글인 로고스 찬가(1,1-18)로 시작해서, 세례자 요한의 증언과 제자들을 부르시는 모습으로 구성됩니다. 그리고 2

장에서 본격적으로 예수님의 활동을 다룹니다. 요한 복음서에 의하면 예수님의 첫 번째 표징은 카나의 혼인 잔치에서 이루어졌습니다. 예수님이 이루시는 놀라운 일을 공관 복음서에서는 '기적'(δύναμις[뒤나미스])이라 하고, 요한 복음서에서는 '표징'(σημειον[세메이온])이라 합니다. 전자는 능력 자체, 즉 초자연적 행위나 놀라운 사건 자체에 초점을 맞추는 반면, 후자는 그 행위가 지닌 상징적인 의미, 즉 그 행위 자체가 아니라 그 행위를 통해 드러나는 믿음을 강조하는 역할을 합니다.

요한 복음서 2장에는 크게 두 가지 사건이 기록되어 있습니다. 첫 번째는 '카나의 혼인 잔치'(2,1-12)이고, 두 번째는 '성전 정화 사건'(2,13-22)입니다. 요한 복음서의 초반에 등장하는 이 두 사건은 이후 예수님께서 겪으실 수난과 죽음, 그리고 새로운 계약의 의미로 서로 연결되어 있습니다.

### 카나의 혼인 잔치 – 예수님과 성모님

"사흘째 되는 날, 갈릴래아 카나에서 혼인 잔치가 있었는데, 예수님의 어머니도 거기에 계셨다."(요한 2,1). 요한 복음서 1장과 연결시켜 보면, '사흘째 되는 날'은 예수님 공생활 중 7일째 되는 날입니다. '7일'은 창세기 1장의 창조 사건을 연상시킵니다. 7일째는 안식일이고, 창조의 마지막 날이자 창조가 완성되는 날입니다. 요한 복음사가에게 카나에서의 사건은 창조 사건과 연관되어 새 하늘과 새 땅, 즉 새 창조를 상징하고 암시합니다. 하느님께서 말씀을 통해 창조하셨던 것처럼, 포도주, 즉 예수 그리스도의 피를 통한 새 창조, 새 계약이 시작됨을 암시합니다.

또 하나 눈여겨봐야 할 점은 이 중요한 사건에 "예수님의 어머니도 거기에 계셨다."(요한 2,1)는 사실입니다. 천주 성자께서 이 땅에 오실 때 함께 계셨던 성모님께서, 예수님 공생활의 첫 활동에도 함께하십니다. 요한 복음사가에 의하면 예수님의 첫 활동을 함께하신 성모님은 마지막 활동인 십자가 곁에서도 함께 계십니다. 예수님과 제자들 그리고 성모님께서 초대받은 혼인 잔치에 포도주가 떨어집니다. 잔치를 준비한 이들이 걱정되신 성모님은 아들 예수님께 청원합니다. 성모님께서 예수님께 "포도주가 없구나."라고 하시자, 예수님은 "아직" 때가 오지 않았다고 하셨습니다. 하지만 성모님은 일꾼들에게 "무엇이든지 그가 시키는 대로 하여라."라고 말씀하셨습니다.

왜 성모님은 그 잔치에 마음을 쓰신 걸까요? 첫째, 성모님의 마음은 항상 그러하셨기 때문입니다. 성모님은 곤궁한 이들을 그냥 지나치지 못하십니다. '중보仲保'(대신 빌어 줌, 전구)가 바로 성모님의 중요한 역할입니다. 둘째, 성모님은 이미 예수님의 능력을 잘 알고 계셨습니다. 예수님께서는 '아직' 때가 오지 않았다고 하셨지만, 성모님은 기도로 그 '때'를 바꾸셨습니다.

혼인 잔치 자리에는 "유다인들의 정결례에 쓰는 돌로 된 물독 여섯 개"가 있었습니다. 예수님은 그 물독에 물을 채우라고 하신 뒤, 그

물을 포도주로 만들어 나누어 주셨습니다. 유다인들의 관점에서 하느님의 은총을 받지 못하는 이유 혹은 하느님에게서 멀어지는 이유는 바로 죄 때문입니다. 그래서 죄를 씻는 예식인 '정결례'는 유다교 예식의 핵심입니다. 정화되어야 하느님을 만날 수 있기 때문입니다. 그런데 그 물독이 비어 있었습니다. 이는 이스라엘이 위기에 처해 있었음을 보여 줍니다. 6개의 물독은 구약의 이스라엘 백성을 상징하고, 예수님께서 최후 만찬 때 사용하신 잔은 신약을 의미합니다. 7일째 창조의 완성이 이루어진 것처럼, 구약의 물독 6개가 최후 만찬의 잔 하나를 만나 숫자 '7'로 완성됩니다. 하느님께서 '무에서 창조creatio ex nihilo'하신 것처럼, 예수님도 물을 포도주로 바꾸는 기적을 보여 주심으로써 당신이 하느님의 아들임을 보여 주십니다. 포도주는 예수님의 피, 즉 새로운 계약을 상징합니다.

## 하느님 현존 체험의 장소인 성전의 정화

요한 복음사가는 카나의 기적에 이어 예수님께서 성전을 정화하신 사건을 전합니다. 공관 복음서에서는 이 사건을 예수님께서 예루살렘에 입성하신 후, 곧 수난 직전에 일어난 일로 기록하지만, 요한 복음사가는 이를 예수님의 공생활 초기 사건으로 전합니다.

또한 공관 복음서는 예수님께서 십자가에서 돌아가시게 된 이유를 안식일 규정 위반이나 신성 모독 등과 관련된 유다인들과의 갈등에서 찾지만, 요한 복음사가는 이를 공관 복음서와는 다른 관점에서 바라보고 있습니다.

예루살렘 성전이 세워진 모리야산은, 아브라함이 하느님의 명령에 순종하여 외아들 이사악을 제물로 바치려던 곳(창세 22,9.16-18 참조)이었습니다. 그곳은 하느님께서 아브라함에게 극적으로 나타나셨고, 아브라함의 믿음이 아들을 봉헌하려던 행위를 통해 입증된 의미 깊은 장소였습니다. 그래서 솔로몬 임금도 그곳에 성전을 세웠습니다(2역대 3,1 참조). 유다인들은 성전에서 바치는 제사를 통해 죄를 씻고 정화되어 하느님께 나아간다고 믿어 왔습니다. 게다가 성전은, 당시에는 존재하지 않았지만, '계약의 궤'를 보관하던 곳이었습니다. 유다인들은 성전을 하느님께서 머무시는 거룩한 장소, 하느님 현존의 현재화가 이루어지는 장소라고 믿었기에 의무적으로 성전을 찾고 기도했습니다.

하지만 당시 성전은 이미 "장사하는 집"(요한 2,16), "강도들의 소굴"(마태 21,13)이 되어 버렸습니다. 기도와 장사가 결합되어 있었습니다. 그래서 예수님은 하느님 현존의 장소인 성전을 정화하고, 본래 의미를 알려 주고자 하십니다. 요한은 성전 정화 사건이 물을 포도주로 바꾼 카나의 혼인 잔치 이후 발생한 것으로 기술합니다. 포도주, 즉 피는 이스라엘에서 계약을 의미합니다. 포도주는 예수님의 피, 그리고 하느님이 머무시는 곳인 성전은 예수님의 몸을 상징합니다. 이 두 사건은 예수 그리스도를 통한 새로운 계약, 새로운 성전을 암시합니다.

성전은 하느님을 만나는 곳, 하느님 현존을 체험하는 장소입니다. 그런데 예수님은 기존의 건물이 아닌, 당신 자신이 새로운 성전임을 예고하십니다. "이 성전을 허물어라. 그러면 내가 사흘 안에 다시 세우겠다."(요한 2,19). 성전은 예수님께서 당신의 몸을 두고 하신 말씀입니다. 하느님의 아들이신 당신 자신이 진정한 성전임을 알려 주시는 것입니다. 성전 정화 사건은 예수님을 통해 새 계약이 시작되고, 그분이 영원한 생명을 주시는 분임을 알려 줍니다.

"그분의 어머니는 일꾼들에게
'무엇이든지 그가 시키는 대로 하여라.' 하고
말하였다."(요한 2,5)

## 04 부르심 – 제자들, 그리스도인, 사제와 수도자

### 제자들, 사람 낚는 어부

구약의 하느님께서는 이스라엘을 선택하시고 그들과 계약을 맺으셨습니다. 하느님께서 먼저 당신 백성을 부르시어 그들을 구원으로 이끄신 것입니다. 항상 하느님의 '주도권Initiative'이 전제되고 중요시됩니다. 예수님께서도 먼저 제자들을 부르셨습니다. 예수님의 말씀과 행적을 본 많은 사람들이 그분을 따랐습니다.

예수님의 제자들은 크게 두 부류로 나눌 수 있습니다. 하나는 생업을 유지하면서 예수님을 따른 이들이고, 다른 하나는 가족과 생계를 다 포기하고 예수님을 따른 일종의 '전업' 제자들입니다. 그 대표가 바로 열두 사도입니다.

예수님께서는 산에서 밤새 기도하신 뒤, 날이 밝자 제자들 가운데 열둘을 뽑아 사도로 세우셨습니다(루카 6,12-13 참조). 이는 구약의 하느님 백성이 열두 지파로 구성되어 있었던 것처럼, 먼저 그들이 구원을 받고, 그들을 통해 온 세상이 구원에 이르도록 하기 위함이었습니다. 곧, 옛 하느님 백성을 대신할 새 하느님 백성을 뽑으신 것입니다. 그들은 예수님과 함께 생활하며, 그분의 말씀과 행적을 직접 보고 예수님처럼 복음을 선포하며 하느님 나라를 세워 갈 이들이었습니다.

그러나 세속의 기준으로 볼 때, 사도들의 사회적 지위나 신분, 능력 등은 별로 신통치 않았던 듯합니다. 대부분이 갈릴래아 호수의 어부였고, 마태오는 세리였으며, 직업이 불분명한 이들도 있었습니다. 예수님은 어째서 예루살렘 출신의 똑똑하고 사회적 명망을 지닌 이들이 아니라, 세상 기준으로 보잘것없는 변두리 사람들을 선택하신 것일까요?

"아버지, 하늘과 땅의 주님, 지혜롭다는 자들과 슬기롭다는 자들에게는 이것을 감추시고 철부지들에게는 드러내 보이시니, 아버지께 감사를 드립니다."(루카 10,21). 하느님께서 보시기에 우리는 별 차이가 없습니다. 오히려 자신의 부족함을 인정하고, 자기 능력이 아닌 말씀에 귀 기울이며, 그 말씀에 따라 살고자 하는 사람이 하느님을 위해 살기에 합당합니다.

열두 사도 역시 처음에는 예수님의 말씀을 잘 이해하지 못하고 때로는 세속적인 태도를 보이기도 했습니다. 그러나 하느님의 은총을 체험하고 회심한 뒤에는 이전과는 전혀 다른 새로운 삶을 살게 되었습니다. 인간의 능력이 아니라 하느님의 선택과 은총이 결정적입니다. 고기를 낚던 어부들을 사람 낚는 어부로 변화시킨 것도 전적으로 은총의 힘이었습니다.

## 모든 그리스도인의 삼중 직무

일반적으로 '사제司祭'라 하면 하느님께 드리는 제사, 즉 미사를 집전할 수 있도록 뽑힌 주교와 신부를 가리킵니다. 그러나 부르심을 받아 선택된 모든 이는 하느님과 그분 백성을 위해 봉사해야 한다는 본분을 잊지 말아야 합니다. 이 소명과 사명은 성직자뿐 아니라 수도자와 평신도 모두에게 해당됩니다. 곧, 사제직은 성직자에게만 국한되지 않습니다. 모든 그리스도인은 세례를 받는 순간 세 가지 직무를 받습니다. 왕직, 예언직, 사제직입니다. 이 삼중 직무는 예수 그리스도께서 수행하신 사명이기에, 모든 그리스도인은 세례를 통해 이 사명에 참여하게 됩니다.

'왕직'은 군림하는 것이 아니라 어려움에 처한 이웃을 돕고, 사랑으로 봉사하며, 희생과 헌신을 아끼지 않는 섬김의 직무입니다. '예언직'은 하느님의 말씀을 선포하고 증언하는 직무입니다. 하느님의 말씀과 뜻을 배우고, 이를 근거로 세상에 복음을 전하며, 그리스도교의 가치를 드러냅니다. 세상에서 신앙을 증언하고, 정의롭게 행동하는 것도 예언직의 수행이며, 식사 전후에 성호를 긋고 기도하는 것 또한 예언직의 올바른 수행이라 할 수 있습니다. '사제직'은 기도와 예배의 직무입니다. 미사 거행은 그리스도를 대신하는 직무 사제의 많이지만, 모든 그리스도인은 각자 하느님께 기도하고, 미사에 제 몫에 따라 참여하며, 자신의 삶을 하느님께 봉헌합니다. 이를 '사제 직무'라 합니다. 그리스도인은 기도와 미사로 하느님의 현존을 체험하고, 이를 근거로 세상을 위해 기도하며 봉헌하는 삶을 살아야 합니다.

### 수도자, 하느님만으로 충분한 사람

가톨릭 교회에는 성직자와 수도자가 있습니다. 우리 교회의 가장 아름다운 전통 중 하나는 수도회修道會 전통입니다. 수도회는 세속적 삶에서 벗어나 신앙에 헌신하는 공동체입니다. 각각의 수도회는 고유한 규칙과 서원으로 영적 성장을 추구하고, 기도와 노동, 관상 등 다양한 활동으로 그리스도인 삶의 완성을 추구합니다. 초기 그리스도교 박해 시대가 끝나고 그리스도교가 로마 제국의 국교로 공인된 이후, 교회의 세속화를 거부하고 순수한 신앙생활을 하기 위해 스스로 세속에서 격리되어 살아가는 공동체 형태에서 초기 수도회가 등장했습니다.

수도회는 창립자의 의도와 영성(카리스마)에 따라 회칙이나 조직을 갖추었습니다. 가톨릭 교회와 동방 교회에서 주로 수도회를 설립했으며, 성공회에도 일부 수도회 전통이 있습니다. 수도회는 구성원을 기준으로 남자 수도회와 여자 수도회가 있으며, 성격에 따라 영적 생활의 최고 경지라 할 수 있는 '관상觀想'을 목적으로 고독과 침묵 속에서 기도하고 자신을 온전히 봉헌하려는 '관상 수도회'와 회칙에 근거해 일체의 사유 재산을 인정하지 않는 '탁발托鉢 수도회'가 있으며, 그 외에도 '교육 수도회'와 '선교 수도회' 등이 있습니다.

수도회 내지 수도자의 가치와 의의, 필요성과 중요성은 무엇일까요? 수도자를 존경하는 이유, 수도자가 아름다운 이유는 아무것도 가지지 않고 오직 하느님만으로 충분하다는 것을 삶으로 보여 주기 때문입니다. 세상의 사람들은 더 갖기 위해 노력하지만, 그리스도인은 아무것도 가지지 않고도 행복할 수 있는 사람들입니다. 그리고 이를 가장 적극적으로 실천하며 사는 사람들이 성직자와 수도자라 할 수 있습니다.

### 그리스도인의 기도와 봉사

평신도 또한 마찬가지입니다. 성직자와 수도자만 삶으로 하느님을 증언하는 사람이 아닙니다. 모든 그리스도인은 하느님의 부름을 받고, 선택된 사람입니다. 소명과 사명을 받은 사람답게 살아야 합니다. 세상의 속인들처럼 똑같이 화를 내고, 욕심을 부리며, 이기적으로 산다면, 그래서 그리스도의 모습이 전혀 느껴지지 않는다면, 그런 사람을 어떻게 그리스도인이라 부를 수 있겠습니까? 그리스도인은 예수 그리스도를 닮으려 노력하는 사람, 예수 그리스도의 삶과 말씀을 머리와 마음에 간직하며 사는 사람입니다.

하느님을 만나는 길은 쉽지 않습니다. 신앙의 길은 멀고 험합니다. 하지만 신앙의 길뿐만 아니라, 누구에게나 삶은 외롭고 힘든 길입니다. 단지 의미 있게 살고자 하는 모든 삶이 더 힘들고 어려울 뿐입니다. 우리가 땅을 갈고 파헤치면, 모든 땅은 상처받고 아파합니다. 게다가 그 땅에 씨앗을 뿌려도, 싹이 트고 꽃이 피는 것은 한참 후의 일입니다. 그러나 땅을 갈고 파헤쳐야 꽃을 피울 수 있습니다. 하느님의 은총을 성당에 다리 꼬고 앉아서 받을 수 있을 거라 기대하지 말라고 합니다. 기도하고, 봉사하며, 희생하는 삶 없이 은총과 구원을 기대하지 마십시오.

"받으소서, 저의 모든 자유를 받으소서
Sume ac suscipe universam meam libertatem."
(로욜라의 이냐시오 성인의 기도)

## 05 복음의 핵심 메시지 – 하느님 나라와 영원한 생명

### 하느님 나라와 영원한 생명

'복음'(福音, εὐαγγέλιον)이라는 단어의 뜻은 '좋은 소식', '기쁜 소식'이지만, 궁극적인 뜻은 '예수님의 말씀과 행적', 즉 '예수님의 모든 것', '예수님 자체'입니다. 복음은 우리를 구원으로 이끄는 힘입니다. 예수님은 많은 말씀과 행적을 보여 주셨습니다. 그중 가장 핵심 메시지를 신학에서는 '케리그마Kerygma'라 합니다. 예수님의 모든 말씀 중 케리그마는 무엇일까요? 당연히 "아버지의 뜻이 하늘에서와 같이 땅에서도 이루어지는 것"이지만, 이를 한마디로 요약하면, 공관 복음서에서는 '하느님 나라'이고, 요한 복음서에서는 '영원한 생명'입니다. 참고로 '사랑' 내지 '사랑의 실천'도 물론 중요하지만, 이는 계약의 실현을 위한 계명, 즉 하느님 나라에 살기 위한 조건이자, 영원한 생명을 얻기 위한 실천 사항입니다.

복음서에는 '하느님 나라'(하늘 나라)가 100여 번 언급됩니다. 주로 공관 복음서에 등장하는 이 단어는 마태오 복음서에 50번, 마르코 복음서에 15번, 루카 복음서에 41번 등장합니다. 이중, 예수님께서 직접 언급하신 것은 마태오 복음서 36번, 마르코 복음서 13번, 루카 복음서 21번, 요한 복음서 2번입니다. 복음서를 제외하면, 요한계 문헌에 5번, 사도행전에 8번, 바오로계 문헌에 12번 언급됩니다. 예수님께서 공생활을 시작하시며 선포하신 첫 메시지도 "때가 차서 하느님의 나라가 가까이 왔다. 회개하고 복음을 믿어라."(마르 1,15)였습니다.

### 하느님의 뜻대로 이루어지는 나라

예수님께서 선포하신 하느님 나라는 어떤 나라일까요? 예수님은 주로 비유를 이용해 하느님 나라를 말씀하십니다. 그것은 현실과 다른 차원의 것이기에, 현실에 있는 비슷한 것들로 대조, 은유, 비교하시며 설명해 주십니다. 하느님 나라에 대한 비유는 공관 복음서에 대략 40개 정도 나옵니다. 씨 뿌리는 사람의 비유, 겨자씨의 비유, 포도원 소작인의 비유, 무화과나무의 비유, 깨어 있는 종의 비유 등을 들 수 있습니다. 예수님은 왜 직접 설명하지 않고 비유를 들어 말씀하실까요? 아직 하느님 나라를 직접 경험해 본 사람이 아무도 없기 때문입니다. 예를 들어, 100년 전 우리나라 사람에게 피자를 설명해야 한다면 어떻게 했을까요? 아마도 빈대떡이나 파전을 예로 들지 않았을까요?

예수님은 공생활 중 많은 기적을 베푸시어 병을 고쳐 주시고, 죄인들의 친구가 되어 주셨으며, 죽은 사람도 살려 주셨습니다. 예수님의 모든 말씀과 활동의 궁극적인 목적은 단순히 사랑의 실천이 아닙니다. 예수님의 말씀과 행적은 모두 하느님 나라와 관련이 있습니다. 즉, 예수님이 선포하신 하느님 나라는 종말론적 의미를 지닙니다. 이는 세상 종말 때 일어날 일을 미리 보여 주는 것, 특히 예수님을 통해 드러나는 인간의 구원을 미리 보여 주는 것입니다. 예수님은 많은 병자를 고쳐 주셨습니다.

그런데 왜 세상의 모든 병자를 다 고쳐 주지 않으셨을까요? 그것은 예수님의 활동이 병자의 치료 자체에 목적을 두지 않았기 때문입니다. 예수님은 언제나 하느님의 뜻, 즉 하느님에 대한 믿음으로 인간의 완성과 구원이 일어난다는 사실을 분명하게 알려 주고자 하셨습니다. 빵의 기적이나 병자의 치유, 구마 행위, 죄의 용서와 소외된 이들과 친구가 되신 것, 특히 수난과 십자가의 죽음 그리고 부활 사건까지 예수님께서 보여 주신 모든 것은 하느님 나라를 향한 여정이자 실천 사항을 알려 주신 것이었습니다.

### 영원한 생명이란 예수를 그리스도로 믿는 것

'하느님 나라'와 '영원한 생명'은 모두 인간의 구원에 직결됩니다. 하느님 나라가 공관 복음서의 중심 주제라면(마르 1,14-15 참조), 영원한 생명은 요한 복음서에서 예수님이 선포하신 인간 구원을 직접적으로 표현한 것입니다. 요한 복음서는 예수님을 세상에 생명을 주시는 분, 즉 "세상의 구원자"(요한 4,42)라고 봅니다. 새롭고 영원한 생명은 예수 그리스도를 통해 선물로 주어지는 것이고, 예수 그리스도에 대한 믿음이 영원한 생명을 얻기 위한 조건임을 강조합니다. 예수 그리스도를 믿으면 '지금, 여기서' 실제 생명을 얻습니다. 예수님은 자신을 믿고 따르는 사람들이 영원한 생명을 얻도록 끊임없이 활동하시겠다고 약속하셨습니다.

영원한 생명은 지금, 여기서 체험하는 것이기도 하지만, 종말론적이고 미래형이기도 합니다. 요한 복음서에서는 첫 장에서부터(1,12 참조) 마지막 장까지(20,31 참조) 구원을 얻기 위한 방법으로 '믿음'을 강조합니다. 요한 복음서에는 하느님에 대한 믿음과 예수님에 대한 믿음이 함께 결합되어 있습니다. 예수 그리스도 안에서 하느님을 본다는 말이, 이 의미를 잘 설명해 줍니다. "내가 아버지 안에 있고 아버지께서 내 안에 계시다고 한 말을 믿어라."(14,11). 복음서의 결론은 예수님께서 그리스도이시며 하느님의 아드님이심을 우리가 믿으면, 그 이름으로 영원한 생명을 얻게 된다는 것입니다.

### "하늘에 계신 우리 아버지"

'주님의 기도'는 기도하기 어려워하는 제자들의 간청에, '주님'이신 예수님께서 직접 가르쳐 주신 기도입니다. 그래서 '주님의 기도'라고 부릅니다. 모든 기도는 하느님께 바치는 것인데, 예수님은 하느님이시고, 하느님의 아드님이시기에 이 기도는 하느님께서 직접 가르쳐 주신 기도, 말 그대로 '저자 직강'이라고 할 수 있습니다.

"하늘"에 계신 우리 아버지. 하늘은 어디인가요? 어디서부터 하늘인가요? 구름 위인가요? 성층권? 태양계 밖? 하늘이란 하느님께서 계신 곳입니다. 즉, 하느님께서 계신 곳은 어디든 하늘입니다. 우주 전체도 하늘입니다. 과학자들은 우리 은하계에 대략 4,000억 개의 별이 있고, 우주 전체에는 $10^{23}$개의 별이 있다고 합니다. 지구에 있는 모래알의 개수가 $10^{20}$개라고 하니, 얼마나 많은 별이 있는지 상상할 수 있겠죠? 하느님은 하늘에 계시고, 하느님께서 계신 곳은 어디나 하늘입니다.

하늘에 "계신" 우리 아버지. 하느님은 과거, 현재, 미래 언제나 계시는 분이고, 동시에 이 세상 어디에나 계시는 분입니다. 그분은 우주 전체의 창조주이시고, 우주보다 더 크신 분입니다(Deus semper major, 언제나 더 크신 하느님). 오늘날 일부 과학자들은 자신들의 과학적 지식을 근거로 창조주 하느님을 부정하고, 자신 있게 무신론을 주장합니다. 더 큰 문제는 어린 학생들이 공부할 때 배우는 학문 대부분이 자연 과학적 지식을 기반으로 서술한 문장과 주장을 다루고 있다 보니, 자연스럽게 무신론적 주장을 당연한 것으로 받아들이고 있다는 점입니다. 그러나 인간의 머리와 구조로 하느님을 이해한다는 것 자체가 불가능한 일임을 기억해야 합니다.

하늘에 계신 "우리 아버지." 예전 한국 사회에서 아버지는 엄하고

대하기 어려운 존재였습니다. '엄부자모嚴父慈母'라는 말이 통용되던 사회에서 사랑과 자비를 '아버지'와 연결하기는 쉽지 않던 시절이 있었습니다. 물론 오늘날은 많이 달라졌지요. 예수님은 하느님을 우리 "아빠, 아버지"라고 계시해 주셨습니다. 게다가 그분의 가장 깊은 본질이 '사랑'이라고 알려 주십니다(1요한 4,16 참조). "그분께서는 너희의 머리카락까지 다 세어 두셨다."(마태 10,30). 우주보다 더 크신 하느님께서는 우리도 모르는 우리 머리카락 숫자까지도 다 아신다고, 예수님께서 말씀하십니다. 참으로 놀라운 말씀입니다. 인간이 이해할 수 있는 것이 있고, 이해할 수 없는 것이 있음을 기억해야 합니다.

"나는 부활이요 생명이다.
나를 믿는 사람은 죽더라도 살고,
또 살아서 나를 믿는 모든 사람은
영원히 죽지 않을 것이다."(요한 11,25-26)

# 06 예수님은 어떤 분이신가요?

**하느님의 아들 예수님, 아빠이신 하느님**

　복음서에는 예수님을 지칭하는 다양한 표현들이 있습니다. 하느님의 아들, 그리스도, 메시아, 주님, 임마누엘, 하느님의 모상, 다윗의 자손, 사람의 아들, 구원자, 예언자, 선생님, 랍비, 하느님의 어린 양, 말씀, 유다인의 왕, 죄인들의 친구 등이 있고, 심지어 거짓 예언자, 먹보, 술꾼이라는 표현도 있습니다. 다양한 표현들은 모두 예수님의 다양한 특성을 드러내 줍니다.

　이 중, '하느님의 아들'이라는 표현을 먼저 알아보겠습니다. 요한 복음서에서는 예수님께서 스스로 자신을 '하느님의 아들'이라 칭하신 구절이 여러 차례 나타납니다(참조: 요한 5,25; 10,36; 11,4; 17,1). 그러나 공관 복음서에서는 단 한 곳에서 나옵니다(마르 13,32 참조). 하느님의 아들이라는 호칭은 당시 이스라엘에서 자주 쓰는 표현이거나, 그들이 기다리던 메시아를 지칭하던 호칭이 아니었습니다. 오히려 이는 초기 교회의 신앙 고백에서 예수님과 하느님의 관계에 대한 신학적 성찰에서 유래한 것입니다.

예수님께서는 복음서의 여러 곳에서 하느님을 '압바Abba' 혹은 '아빠'라 부르십니다. 이 호칭은 하느님과 예수님의 관계를 보여 주는 매우 이례적인 호칭이라 할 수 있습니다. 물론 예수님 외에도 하느님을 '압바'라고 부른 당시의 문헌이 존재하지만, 그럼에도 예수님께서 유일하고 전지전능한 창조주 하느님을 매우 친근한 호칭인 '압바'라고 부르신 것은 특별합니다.

'하느님의 아들'은 무엇보다 예수님의 신성을 강조하는 표현입니다. 즉, 예수님은 성자, 하느님의 아들, 하느님이시라는 고백인 것입니다. 사도 신경의 고백처럼 예수님께서 하느님의 '외아들'(그리스어 Monogenes, 라틴어 Unigenitus), 하느님께로부터 태어나신 유일한 아들, 외아들(요한 1,14 참조)이심을 의미합니다. "아무도 하느님을 본 적이 없다. 아버지와 가장 가까우신 외아드님 하느님이신 그분께서 알려 주셨다."(요한 1,18).

또한 예수님은 아들과 아버지가 하나라고 알려 주십니다(참조: 요한 8,19; 10,30; 14,9; 15,23; 16,3). 하느님은 진리이시고, 예수님은 하느님의 유일한 아들이시며, 하느님의 진정한 모상(콜로 1,15 참조)이시기에, 예수님은 진리이십니다(요한 14,6 참조).

### 마라나 타! – 오십시오, 우리 주님!

예수님께서는 또한 당신 자신을 '인자人子' 혹은 '사람의 아들'이라 부르십니다. 신비로운 의미를 지닌 호칭이지만, 논쟁도 많은 호칭입니다. '하느님의 아들'과 대비되면서도 고유한 의미를 지닌 '사람의 아들'(Υἱός του ανθρώπου[휘오스 투 안트로푸])은 구약 성경에서는 호칭이 아닌, 일반적으로 사람을 뜻하는 단어(참조: 에제 2,1.3; 시편 80,18; 이사 51,12)였으나, 신비로운 존재의 초월적 특성을 드러낼 때 사용되기도 했습니다(다니 7,13-14 참조).

신약 성경에서는 네 복음서에 70회 정도 언급되며, 주로 예수님께서 자기 자신을 직간접적으로 가리킬 때 사용하셨습니다. 그러나 다른 사람이 예수님을 이 호칭으로 불렀다는 기록은 복음서에는 등장하지 않습니다. 복음서가 아닌 신약 성경의 다른 부분에서도 '사람의 아들' 호칭을 볼 수 있습니다(참조: 사도 7,56; 히브 2,6; 묵시 1,13; 14,14).

'사람의 아들'은 예수님께서 당신의 신원과 정체성을 알려 주시거나, 당신에게 주어진 사명과 연관될 때 주로 사용하신 호칭입니다. 그러나 정확한 의미에 대한 설명이나 해설이 없어 논란도 많습니다. 대표적 해석 중 하나는 구약 다니엘서의 구절 "사람의 아들 같은 이가 하늘의 구름을 타고 나타나 연로하신 분께 가자 그분 앞으로 인도되었다."(다니 7,13)와 연관된 해석입니다. 다니엘서에 등장하는 '사람의 아들'은 이스라엘을 구원해 줄 구세주 같은 이로, 종말론적이고 묵시적인 의미를 함축한 인물입니다. 또한 이사야서의 '주님의 종'(참조:

이사 49,6; 53,11)처럼 부름받은 이들, 이스라엘의 '남은 자들', 선택받은 이들을 구원으로 이끌 종말론적 인물을 의미합니다.

초기 교회 공동체는 곧 오실 사람의 아들에 대한 기대와 희망으로, 공동 전례 중에 "마라나 타!"(1코린 16,22; 묵시 22,20, "오십시오, 우리 주님!")를 외쳤습니다. 예수님께서는 팔레스티나 지역의 언어이던 아람어를 사용하셨습니다. "마라나 타!"는 그 지역의 초기 교회에서 바치던 기도에서 유래했으며, 초기 교회는 스스로를 사람의 아들이라 칭하신 예수 그리스도를 '마라나(우리 주님)'로 여겼습니다. 그래서 사람의 아들이 다시 오시길 간청하며 "마라나 타!"라고 기도했습니다. 주님께서는 십자가 위에서 돌아가셨지만, 부활하셨고, 승천하셨기에 그분이 다시 오실 것이라는 말씀을 믿었습니다. 그래서 사람들은 '사람의 아들'의 재림과 그에 의한 구원을 기도하고 희망했습니다.

### 그리스도 왕 – 모든 이의 모든 것

"그분께서는 산 이와 죽은 이를 심판하러 영광 속에 다시 오시리니 …." 니케아–콘스탄티노폴리스 신경의 한 구절입니다. 예수님의 부활과 승천 이후 성령 강림으로 교회의 사명은 이어지고, 미래의 언젠가 이루어질 주님의 재림 때 세상은 심판을 맞이하고 구원 역사도 완성될 것입니다. 하느님의 말씀이신 예수님께서는 창조 때 함께하셨고, 육화를 통해 이 땅에 오셔서 십자가 사건으로 구원을 이루셨으며, 마침내 세상 끝날 때 심판자이자 구세주가 되십니다. 그리스도는 이 세상과 온 우주의 왕이십니다.

전례력은 일반적으로 11월 말에 한 해를 마치는데, 교회는 전례력의 마지막 연중 주일을 '온 누리의 임금이신 우리 주 예수 그리스도 왕 대축일'로 지냅니다. 사실, 요즘에는 '왕'이라는 단어가 좋은 의미로 사용되지는 않는 듯합니다. 봉건적이며 무언가 답답한 것을 의미하고, 게다가 오늘날 이 단어가 사용되는 경우는 '왕만두', '왕뚜껑' 등 희화된 표현이 대부분입니다. 신약 성경에서는 예수님을 그리스도, 하느님의 아들이라 증언하면서 '왕'이라고 묘사합니다(참조: 마태 21,5; 25,31; 루카 19,38). 성경에서 그리스도, 메시아, 주님, 왕은 모두 비슷한 의미를 지닙니다.

구약 성경에서는 장차 오실 메시아를 왕으로 여겼기에, '그리스도 왕'은 예수님을 통해 하느님 구원 약속이 성취됨을 의미하는 표현입니다. 그래서 복음사가들은 예수님을 메시아적 의미의 왕으로 소개합니다. 그렇지만 예수님은 당시 이스라엘이 기대하던 군주적 메시아나 강력한 권력을 행사하는 현실의 왕과는 달랐습니다. "내 나라는 이 세상에 속하지 않는다."(요한 18,36).

예수님의 왕국은 세속적 힘이나 재물에 의하지 않고, 오직 하느님의 뜻대로 이루어지는 곳입니다. 하느님의 나라는 예수님과 함께, 예수님을 통하여 이루어지기 때문에 예수님이 중심입니다. 모든 것이 예수님께 복종하고, 그래서 모든 것이 하느님께 복종할 때 하느님께서 "모든 것 안에서 모든 것"(1코린 15,28)이 되시는 것, 그것이 그리스도가 왕이신 하느님 나라입니다.

　세례받은 모든 사람은 삼중 직무, 즉 사제직, 예언직, 왕직에 참여합니다. 여기서 왕직이란, 그리스도께서 보여 주신 것처럼 하느님을 위한 봉사를 뜻합니다. 교회와 그리스도인들은 예수님처럼, 예수님 때문에 세상과 인간을 위해 봉사하는 존재입니다. 봉사하지 않는 삶은 그리스도인의 삶이 아닙니다. 그리스도를 위해 봉사하는 것은 그분의 나라가 이 땅에 실현되도록 돕는 것입니다.

"나는 길이요 진리요 생명이다.
나를 통하지 않고서는
아무도 아버지께 갈 수 없다."(요한 14,6)

**이것만은 꼭!**

# 신앙의 핵심인 신경

### 『가톨릭 교회 교리서』의 가치와 강조점

그리스도교 신앙은 고백으로 표현됩니다. "예수님은 주님이시라고 입으로 고백하고 하느님께서 예수님을 죽은 이들 가운데에서 일으키셨다고 마음으로 믿으면 구원을 받을 것입니다."(로마 10,9). 하느님의 계시(신앙 내용, fides quae)에 대한 인간의 응답, 고백, 실천(신앙 행위, fides qua)으로 이루어진 것이 신앙이며, 신앙을 고백할 내용을 정리한 것이 '신경信經'입니다.

『가톨릭 교회 교리서Catechismus Catholicae Ecclesiae』(CCE, 1992년)는 가톨릭 교회 역사상 두 번째 공식 교리서입니다. 가톨릭 교회의 공식 교리서는 지금까지 단 두 권만 존재합니다. 첫 번째 교리서는 성 비오 5세 교황이 펴냈으며, '트리엔트 공의회 교리서'라고도 불리는『로마 교리서Catechismus Romanus』(1566년)입니다.『가톨릭 교회 교리서』를 읽어 보면 아시겠지만, 내용이 쉬운 편은 아닙니다. 교리서의 일차적 대상이 일반 신자가 아닌, 교회의 사목자인 주교들이기 때문입니다. 그러나 내용이 쉽지는 않아도, 중요하고 핵심적인 내용을 교회가 공식적이고 체계적으로 정리한 교리서로 평가받고 있습니다.

『가톨릭 교회 교리서』는 총 4편으로 구성됩니다. 특히 교리서 제1편 제목은 '신앙 고백'인데, 이 분량이 교리서 전체의 39%에 해당할 만큼 중심을 차지합니다. 신앙 고백, 즉 신경이란 그리스도교의 '믿을 교리'를 기도문으로 만들어 신앙을 고백하는 것입니다. 신경은 라틴어로 'Credo[크레도]'라고 합니다. '나는 믿나이다.', '나는 믿습니다.'라는 뜻입니다. 이 단어의 어원은 동사 'credere[크레데레]'로, 'cor심장'에 'dare주다'가 더해진 형태입니다. 즉, 신앙이란 '심장을 주다.' 내지 '내 가장 귀한 것을 바치다.'라는 의미입니다.

### '사도 신경'의 유래와 중요성

신앙 고백은 초기 교회의 세례 예식에서 기인합니다. 예수님께서 승천하시기 직전, 제자들에게 "너희는 가서 모든 민족들을 제자로 삼아, 아버지와 아들과 성령의 이름으로 세례를"(마태 28,19) 주라고 당부하셨습니다. 그래서 초기 교회에서는 '성부와 성자와 성령의 이름으로' 세례를 주었고, 이는 오늘날까지 이어지고 있습니다. 당시 사람들이 성부와 성자, 성령에 대해서 묻기 시작하자, 신앙적으로 중요한 내용에 보충, 보완, 해설이 붙어 오늘날의 신앙 고백 형태에 이르렀습니다.

　신앙 고백의 핵심은 첫째로 예수 그리스도의 가르침, 둘째로 이 가르침에 대한 사도들의 가르침에 근거를 둡니다. 이미 2세기 말 로마 교회에서는 '옛 로마 신경'이라고 부른 신경을 세례식에 사용했습니다. 이 신경이 대중화되고 발전한 형태가 오늘날의 '사도 신경'입니다. 사도 신경은 그리스도교의 가장 중심이 되는 신경으로, 『가톨릭 교회 교리서』에서도 "신앙 교리는 이른바 "가장 오래된 로마 교리서"라고 할 수 있는 '사도 신경'에 따라 제시할 것이며, 때때로 더 명확하고 세밀한 '니케아-콘스탄티노폴리스 신경'을 참조하여 보완해 나갈 것이다."(196항)라고 가르치고 있습니다.

　동방 교회는 아쉽게도 사도 신경을 공식적인 신경으로 인정하지 않지만, 그 이유가 사도 신경의 내용이나 형식의 문제는 아닙니다. 로마 교회를 중심으로 구성된 서방 교회는 로마가 기준이고 척도였기에, 로마 교회가 정하는 것이 곧 서방 교회의 기준이 되었습니다. 그러나 이와 달리 동방 교회에는 기준이나 중심이 되는 교회가 없었습니다. 동로마 제국의 수도였던 콘스탄티노폴리스 이전에 학문의 중심은 알렉산드리아였고, 그 이전부터 이미 안티오키아나 에페소도 중요한 위치를 담당했습니다. 한때 카파도키아 역시 동방 신학의 중심지였으며, 당연히 예루살렘도 중요한 곳이었습니다. 그래서 그들은 공식적인 합의가 필요했고, 그리스도교 역사상 첫 번째 공의회인 제1차 니케아 공의회(325년)와 제1차 콘스탄티노폴리스 공의회(381년)

의 결과물인 '니케아-콘스탄티노폴리스 신경'만을 공식 인정합니다. 반면 우리 서방 교회는 두 신경을 모두 공식 신경으로 인정합니다.

### 신경의 구성과 핵심

신경은 크게 세 부분으로 구성됩니다. 첫째 부분에서 제1위격이신 성부의 창조 업적을 고백하고, 둘째 부분에서 제2위격이신 성자의 인간 구원의 신비를 고백하며, 셋째 부분에서는 제3위격이신 성령의 성화와 생명에 대해 고백합니다. 두 신경을 자세히 보면, 성부나 성령에 비해 성자 그리스도에 대한 분량이 월등히 많습니다. 초기 그리스도교는 물론, 오늘날까지도 성자 예수 그리스도에 대해, 특히 그분의 참된 신성, 그리고 신성과 인성의 관계에 대해 할 말도 많았고, 해야 할 말도 많았기 때문입니다. 따라서 신경이란 일차적으로 삼위일체 하느님에 대한 신앙 고백이고, 동시에 그리스도가 중심이 되는 신앙 고백, 즉 예수 그리스도를 통해 알고 믿게 된 하느님에 대한 고백입니다. 그리스도를 통하여, 그리스도와 함께, 그리스도 안에서 신앙을 고백하는 것이 신경입니다.

신경에 대해 정리하면 다음과 같습니다.

첫째, 신경은 그리스도교의 핵심 믿을 교리입니다. 만일 누군가가 그리스도교는 누구를 믿는지 혹은 그리스도교의 가장 중요한 신앙 내용은 무엇인지 묻는다면, 신경의 내용을 말하면 됩니다. 성부와 성자와 성령, 삼위일체 하느님에 대한 계시와 교리가 신경에 응축되어 있습니다.

둘째, 신경에는 성부와 성자와 성령, 삼위에 대한 소개와 한 분 하느님의 구원 업적이 서술되어 있습니다. 모든 구원 역사에는 삼위일체 하느님이 함께하십니다. 그런데 성부에 대한 서술은 짧고, 성령에 대해서는 성부보다는 길지만, 성자보다 짧습니다. 즉, 하느님에 대한 가장 많고 정확한 계시는 성자 예수 그리스도를 통해 밝히 드러난다는 의미입니다. 따라서 신경은 삼위일체적이면서 동시에 그리스도 중심적 구조로 우리에게 하느님을 알려 줍니다.

### 신경이란 믿음의 표현과 실천

"Credo in Deum Patrem omnipotentem전능하신 천주 성부를 믿나이다." 사도 신경의 첫 구절입니다. 모든 신경은 'Credo나는 믿나이다', 즉 '믿음'이란 단어로 시작하며, 가장 마지막 단어는 'Amen아멘'입니다. '아멘'은 히브리어로 'אָמֵן'인데, 이 단어의 원뜻은 '똑바로 서다.'입니다. 즉, '하느님 앞에 똑바로 선다.'라는 뜻은 하느님 앞에 서는 것, 하느님을 향하는 것, 하느님과 함께하는 것으로, '믿음'을 의미합니다. 따라서 신경은 믿음이라는 말로 시작해서 믿음이라는 말로 귀결됩니다. 바오로 사도는 특히 예수님에 대한 믿음을 강조했습니다. 믿음은 길, 진리, 생명이신 예수 그리스도께 순종하는 것, 즉 **'예수 그리스도=하느님 말씀=복음=진리'**라는 것입니다.

믿음이란 머리로는 이해할 수 없는 하느님을 마음 깊은 곳에 품고 사는 것이고, 자신의 힘으로 어찌지 못하는 인생과 죽음 등을 하느님 은총에 맡기고 사는 것입니다. 그리스도교의 신경은 예수 그리스도를 통해 알게 되고, 믿게 된 하느님에 대한 절대적인 믿음을 강조합니다. 이것이 바로 신약 성경 전체의 결론이고, 그리스도교 가르침의 핵심이며, 오늘날 가톨릭 교회의 공식 입장이라 할 수 있는 제2차 바티칸 공의회 신학의 요약입니다.

"우리가 서로 사랑하면,

하느님께서 우리 안에 머무르시고

그분의 사랑이

우리에게서 완성됩니다."

(1요한 4,12)

제 3 장

# 예수님의 가르침

# 01    참된 행복 8가지 – '진복팔단'

### 참된 행복은 하느님께 대한 희망에서 시작

　가톨릭 교회는 2025년을 희년으로 선포했습니다. '희년禧年'이란 무엇인가요? 창세기에 보면 하느님께서 세상을 창조하실 때 6일 동안 일하시고, 7일째 되는 날 쉬셨습니다. 유다인들은 여기서 착안해 6년 동안 경작을 하면 7년째 되는 해는 안식년으로 지냈습니다. 안식년에는 밭의 소출을 자기 소유로 주장하지 않았고, 가난한 사람들을 위해 사용했습니다. 그 해에는 빚도 탕감해 주어 새로운 삶을 시작할 수 있게 했습니다.

　안식년을 일곱 번 지낸 다음 해가 바로 희년입니다. 이때는 땅을 일구지도 않았고, 땅이나 물건을 원래 주인에게 돌려줬습니다. 희년은 모든 것이 창조주이신 하느님의 것임을 깨닫는 시간입니다.

　2025년을 희년으로 선포했던 프란치스코 교황은 '희망'에 대해 강조했습니다. 성경은 희망을 사랑과 믿음과 연결해 말하며, 실제로 희망의 근거는 십자가에서 창에 찔리신 예수님의 성심에서 샘솟는 사랑에서 비롯됩니다. 십자가에 달리신 하느님 사랑 때문에 우리는 죄인임에도 구원을 희망할 수 있습니다.

"믿음 덕분에, 우리는 그리스도를 통하여 우리가 서 있는 이 은총 속으로 들어올 수 있게 되었습니다. 그리고 하느님의 영광에 참여하리라는 희망을 자랑으로 여깁니다. … 그리고 희망은 우리를 부끄럽게 하지 않습니다."(로마 5,2-5). 그리스도인은 사랑에서 비롯된 희망이 믿음을 통해 굳건해질 때 하느님께서 주시는 구원을 받을 수 있습니다. 세상살이가 참 어렵고 힘든 우리에게 교회는 희망을 갖고 인내하라고 가르칩니다. "인내와 위로의 하느님"(로마 15,5)이신 그분께 믿음을 두고 인내하며 희망해야 합니다. 인내는 희망의 출발점이자 과정이며, 토대입니다.

### 예수님이 알려 주신 참된 행복

예수님은 우리에게 참행복에 대해 말씀해 주십니다. 마태오 복음서 5-7장에 산 위에서의 가르침, 즉 '산상 설교'가 나오고, 산상 설교의 첫 가르침이 8가지 행복 선언인 '진복팔단眞福八端'입니다. 진복팔단의 첫 구절은 다음과 같습니다. "행복하여라, 마음이 가난한 사람들! 하늘 나라가 그들의 것이다."(마태 5,3). 루카 복음서에는 이 구절이 조금 다릅니다. "행복하여라, 가난한 사람들! 하느님의 나라가 너희

것이다."(루카 6,20). '마음이 가난한' 사람들과 '가난한' 사람들, 비슷하지만 다르지요. 아마도 가난의 그리스도교적 의미가 가미된 것이 '마음의 가난함'인 듯합니다.

　마음이 가난하다는 의미는 분명합니다. 하느님 안에서의 가난함, 오직 하느님께만 매달리겠다는 의미입니다. 하느님이 인간 행복의 결정적 기준이심을 선포하는 진복팔단은 복음 전체의 요약과도 같습니다. 인간이 평소 바라는 행복과는 분명 다른 행복의 기준이지만, 예수님께서 "행복하여라."라고 말씀하시는 참행복의 이유는 인간의 상황, 즉 가난과 슬픔과 굶주림 등에 있지 않습니다. 현재의 곤궁함에도 하느님의 길을 따라가는 사람들에게 분명 행복이 주어질 것임을 약속하시고, 축복하시는 것입니다.

　인간은 원하는 것을 얻지 못할 때 고통을 느끼지만, 원하는 것을 얻으면 다른 것을 갈구합니다. 원하는 바가 없어도 고통을 느낍니다. 욕망할 것이 아무것도 없으면 권태가 시작됩니다. 권태는 존재의 공허함과 마주하게 되고, 권태가 일상이 되면 삶이 무의미해지며, 결국 절망에 이르게 됩니다. 고통의 극단에 이르면 이 세상 모든 것에 아무 의미를 찾지 못합니다. 절망은 결국 죽음에 이르는 병이고, 오직 인간 밖에 존재하는 힘만이 인간을 구원할 수 있습니다.

　행복이 인간의 존재 목적이라면 우리에게는 더 많은 불행과 고통이 주어집니다. 행운을 기대하는 사람에게 가장 크게 영향을 미치는 것은 불행입니다. 이 세상의 행복은 지속되는 것이 아닌, 첫눈처럼 인간의 마음을 설레게 하며, 지나치는 것임을 기억해야 합니다. 따라서 가장 올바른 삶의 목표는 자기에서 벗어나 하느님께 향하는 것입니다.

윤리적 삶은 욕망과 권태에서 벗어나게 해 줍니다. 윤리적 삶의 적극적인 형태가 종교적 삶이라 할 수 있습니다. 우리가 하느님과 관계를 맺는 것이 종교적 삶의 핵심이라면, 그 핵심인 그리스도의 가르침은 행복에 대한 결정적 가르침입니다.

### 하느님을 기쁘게 해 드리는 삶

우리의 매일이 행복한 것은 아니지만, 매일 행복한 순간들은 있습니다. 우울의 반대말은 행복이 아니라 생동감입니다. 살아서 움직이고, 매일 조금씩 변화하는 것이 우울감에서 벗어나는 방법입니다. 우울함은 동굴이 아니라 터널입니다. 그 순간을 지나면 밝은 빛이 기다리고 있습니다.

"날수 셀 줄 알기를 가르쳐 주시어, 우리들 마음이 슬기를 얻게 하소서."(시편 89,12, 최민순 역). '날수 셀 줄 알아야' 인간은 지혜와 슬기를 얻을 수 있다고 성경은 가르칩니다. 날수를 헤아린다는 것이 무엇일까요? 젊고 힘 있고 즐거울 때는 하느님이 있으면 좋고, 없어도 별 문제가 없다고 여깁니다. 하지만 지나온 날과 남은 날을 헤아린다면 우리가 누구인지 알게 됩니다. 철이 든다는 것은 내게 죽음이 다가왔음을 깨닫는 것이고, 죽음이 다가오면 인간은 철이 듭니다. 생로병사는 누구나 겪는 일이고, 시간이 지나면 모든 것은 다 사라집니다.

날수 셀 줄 안다는 것은 인간이 유한한 존재이고, 유통 기한이 얼마 남지 않았음을 깨닫는 것입니다. 동시에 날수 셀 줄 아는 사람은 내가 '지금, 어디에' 있는지 아는 사람입니다. 그런 사람은 지금 이 순간을 기쁘고 성실하게 살 수밖에 없습니다. 하느님의 지혜를 가진 사람은 작고 사소한 일에 목숨 걸지 않고, 작은 손해에 마음 상하지 않습니다. 이런 사람은 자신이 누구인지, 하느님이 누구신지 깨달을 수 있기에, 지금도 그리고 앞으로도 행복하게 살 수 있습니다. 하느님을 소유한 사람은 모든 것을 다 가진 것이라고 교회와 수많은 성인들이 증언해 주고 있습니다.

누구나 행복하게 살고 싶어 합니다. 하지만 행복은 가깝고도 멀게만 느껴집니다. 행복의 기준은 사람마다 다르겠지만, 누구나 공통으로 행복을 느끼는 두 가지 상황이 있습니다. 첫째는 좋은 사람과 맛있는 것을 먹을 때이고, 둘째는 사랑하는 사람이 행복해할 때입니다. 사랑하는 사람이 너무나 행복해한다면, 우리 역시 눈물 나게 행복할 것입니다. 자식을 둔 부모님은 공감하실 겁니다. 하느님께서도 그러시지 않을까 싶네요. 우리가 기쁘고 행복하게 산다면, 우리 삶이 힘들고 어려워도 웃으면서 하느님께 기도하며 희망한다면, 하느님께서도 행복해하시지 않을까요? 하느님을 기쁘게 해 드립시다!

"바꿀 수 없는 것을 받아들이는 평화와
바꿀 수 있는 것을 바꿀 수 있는 용기와
이 둘을 구분할 수 있는 지혜를 주소서."

(성 프란치스코의 기도)

# 02 새 계명 – 하느님 사랑과 이웃 사랑

### 선택과 계약과 계명

구약 성경에는 헤아리기 어려울 만큼 많은 인물과 사건이 등장합니다. 하느님의 구원 역사가 이스라엘의 긴 역사를 관통하고 있기에 중요하고 복잡한 내용도 많습니다. 만약 그 두꺼운 구약 성경 전체를 짧게 두 단어로 요약한다면 어떤 단어가 있을까요? 바로 '선택'과 '계약'입니다. 하느님께서 먼저 이스라엘을 선택하셨고, 그들과 계약을 맺으신 역사에 관한 기록이 구약 성경입니다. 선택과 계약으로 하느님은 그들의 하느님이 되셨고, 그들은 하느님의 백성이 되었습니다.

계약은 약속의 성경적 표현입니다. 계약은 하느님과 인간의 관계, 즉 하느님의 주도권과 인간의 응답 그리고 충실함으로 성립됩니다. 계약은 인간 구원에 필수적이고, 절대적이며, 때로는 강제적이기까지 합니다. 하느님은 한번 맺은 계약을 절대 철회하지 않으십니다(로마 11,29 참조). 하느님 백성인 이스라엘에게 주어진 역할과 특권은 그들이 먼저 구원의 대상이 되고, 이후 그들이 온 세상의 구원의 도구가 되는 것입니다. 그런데 하느님께서는 다른 민족이 아니라, 왜 하필 이스라엘을 당신 백성으로 선택하셨을까요? 정확한 이유는 하느님만이 아십니다. 어쩌면 우리나라나 다른 나라의 백성을 부르셨지만, 응답하지 못했을 수도 있습니다. 확실한 것은 이스라엘의 옛 조상들, 노아 혹은 아브라함이나 모세 등은 응답을 했습니다.

하느님께서는 이스라엘과 계약을 맺으시어 그들을 당신 백성으로 삼으셨고, 그들을 구원으로 이끄셨습니다. 하느님과 계약을 맺은 백성은 계약을 지켜야 구원을 받습니다. 그 계약의 실천 사항이 바로 '계명'입니다. 즉, 계명을 실천하면 계약이 성립되고, 구원에 이르는 것입니다. 구약의 계명은 모세가 시나이산에서 하느님께 전달받은 십계명입니다(탈출 20,1-17 참조). 십계명의 핵심은 단순히 열 가지 계명만 지키면 되는 것이 아닌, 이를 통해 하느님 말씀대로 사는 법을 배우는 것입니다. 첫 세 가지 계명은 하느님께 대한 흠숭과 경외를, 나머지 계명은 인간 사회에서 지켜야 할 도덕규범들을 제시합니다. 먼저 하느님을 생각하고 나서 인간을, 먼저 하느님을 사랑하고 나서 인간을 사랑하라는 말씀이 압축된 것입니다. 구약의 규정이나 가르침 중에는 오늘날에도 유효한 것이 있습니다. 대표적으로 고해성사를 준비하는 성찰 과정에서 십계명은 여전히 유효합니다.

십계명의 중요한 가르침이기도 하고, 구약 성경 전체에서 가장 큰 죄로 여겨진 것은 '우상 숭배'입니다. 모세가 하느님의 부르심으로 시나이산에서 40일 머무르는 동안, 기다리다 지친 백성들은 자신들이 금덩어리로 만들어 낸 우상을 숭배합니다. 모세는 산에서 내려와 이 광경을 목격한 뒤, 하느님께서 손수 만들어 주신 증언판 두 개를 깨뜨려 버렸고, 금송아지를 불에 태워 가루로 빻아 이스라엘 백성에게 마시게 했습니다(탈출 32,15-20 참조). 우상 숭배는 하느님과 인간을 단절시키는 죄입니다. 이는 오늘날에도 가장 큰 죄로, 하느님과 맺은 계약을 깨뜨리고 우리를 구원에서 멀어지게 합니다. '숭배(흠숭)'는 오직 삼위일체 하느님께만 드려야 합니다.

### 모든 계명의 결론은 사랑

어느 율법 학자가 예수님께 묻습니다. "모든 계명 가운데에서 첫째가는 계명은 무엇입니까?"(마르 12,28). 구약의 계명은 원래 십계명이지만, 열 가지 계명을 구체적으로 실천하기 위해 구분하다 보니, 총 613개의 항으로 늘어났습니다. 그중 248개는 긍정적 형식의 명령이고, 365개는 부정적 금지 항목입니다.

그래서 예수님 당시 유다 지식인층은 계명들 중 가장 중요한 계명에 대해 논의하고는 했습니다. 황금률(참조: 마태 7,12; 루카 6,31)을 첫째가는 계명이라 주장하는 이들도 있었고, 유다인들이 매일 신앙을 고백하는 "쉐마, 이스라엘."("이스라엘아, 들어라!", 신명 6,4-9)에서 이야기하는 하느님 사랑을 첫째 계명으로 삼는 이들도 있었습니다. 유다인들은 하느님 사랑과 이웃 사랑을 중요시했습니다. 예수님의 답변은 그들과 비슷했지만 달랐습니다. 우선 예수님께서는 첫째가는 계명으로 "쉐마, 이스라엘"의 첫 부분을 제시하십니다. "첫째는 이것이다. '이스라엘아, 들어라. 주 우리 하느님은 한 분이신 주님이시다.'"(마르 12,29). 이는 하느님을 향한 사랑이자, 인간을 향한 하느님의 사랑에 대한 당연한 응답입니다. "우리가 사랑하는 것은 그분께서 먼저 우리를 사랑하셨기 때문입니다."(1요한 4,19).

둘째 계명은 '이웃 사랑'이라 하십니다(마르 12,31 참조). 이는 모세가 하느님께 받은 이웃 사랑의 계명(레위 19,18 참조)과 같은 것이고, 예수님께서 평소에도 말씀하신 황금률과도 같은 내용입니다. 그러나 유다인들은 이웃의 개념을 자기 민족으로 한정했습니다. '착한 사마리아 사람의 비유'(루카 10,29-37)에서 드러난 것처럼, 이스라엘 사람들에겐 민족과 종교가 이웃의 기준이었습니다. 그러나 예수님께서는 누가 내 이웃인지 따지기 전에, 우리가 먼저 누군가의 이웃이 되어 주어야 한다고 말씀하셨습니다.

예수님 말씀에 따르면 하느님 사랑과 이웃 사랑은 분리될 수 없습니다. 유다인들의 기준과는 달리 모두가 우리의 이웃이기에, 예수님께는 하느님 사랑과 이웃 사랑이 두 개의 계명이 아니라 하나의 계명입니다. 이것이 예수님께서 둘째 계명을 말씀하신 후, "이보다 더 큰 계명은 없다."(마르 12,31)라고 하신 이유입니다.

하느님의 아들 예수님께서는 원수도, 이방인도, 죄인도 사랑하라고 가르치십니다. 남이 나에게 해 주기를 바라는 그대로 남에게 해 주라고 말씀하십니다. 또 하느님께 제물과 기도를 바치기 전에 먼저 이웃과 화해하라고 말씀하셨습니다. 이 모든 것은 하느님 사랑과 이웃 사랑이 불가분의 관계임을 보여 줍니다. 아빌라의 데레사 성인이 말했듯, 우리가 하느님을 사랑하고 있는지는 명확히 알 수 없지만, 우리가 이웃을 사랑하고 있는지는 명확히 알 수 있습니다.

사랑이 무엇인지 깨닫기 위한 가장 좋은 방법은 사랑 자체이신 하느님을 아는 것입니다. 사랑하면 사랑할수록 더 잘 알게 되고, 알면 알수록 더욱 사랑하게 된다고 많은 성인들이 말했습니다. 하느님을 알면 사랑을 알 수 있다고 성경에도 적혀 있습니다(1요한 4,16 참조).

사랑한다는 말이 너무 흔해진 오늘날입니다. 그러나 사랑에 대한 결핍과 갈망은 더 커졌습니다. 사랑한다는 것은 자기 감각을 만족시키는 것이 아닙니다. 자기중심에서 벗어날 때 사랑이 시작되고, 사랑의 참모습을 깨달을 수 있습니다. 예수님께서 말씀해 주시고, 보여 주신 사랑이 그러합니다. 예수님처럼 사랑하는 사람은 하느님의 사랑을 받습니다. 사랑을 통해 인간은 완전하게 되는 것이 아니라, 온전하게 됩니다. 하느님 사랑과 이웃 사랑은 신약의 첫째 계명입니다.

> "우리가 서로 사랑하면,
> 하느님께서 우리 안에 머무르시고
> 그분의 사랑이 우리에게서 완성됩니다."(1요한 4,12)

## 03 가장 큰 사랑 – 용서의 어려움

### 일흔일곱 번까지라도 용서해야

어릴 때 읽었던 동화 중에 서로를 미워하는 두 염소의 이야기가 있었습니다. 그 둘은 서로가 너무도 미워서 상대를 괴롭히기 위해, 뜨거운 여름에는 서로를 꼭 끌어안았고, 추운 겨울에는 서로 멀리 떨어져 살다가 결국 얼어 죽었다는 이야기였습니다. 미워하는 마음, 증오하는 마음은 결국 자기를 죽게 만듭니다. 우리는 용서가 필요하고, 중요하며, 가장 큰 사랑이라는 사실을 잘 압니다. 하지만, 때로는 용서를 실천하기가 너무 어렵다는 점도 잘 알고 있습니다.

베드로가 예수님께 묻습니다. "주님, 제 형제가 저에게 죄를 지으면 몇 번이나 용서해 주어야 합니까? 일곱 번까지 해야 합니까?"(마태 18,21). 예수님께서 말씀하셨습니다. "일곱 번이 아니라 일흔일곱 번까지라도 용서해야 한다."(마태 18,22). 당시 유다교 율법은 세 번의 용서를 의무로 강조했습니다. 베드로는 이를 넘어 제법 자랑스럽게 일곱 번의 용서를 제시했습니다. 그런데 예수님은 놀랍게도 일흔일곱 번, 즉, '완전한 용서'를 요구하십니다. 하지만 용서하기가 얼마나 어려운 것인지 누구나 압니다. 특히 큰 상처를 받아 본 적이 있는 사람, 그리고 이전에 참된 용서를 해 본 사람은 잘 압니다. 내게 상처를 준 사람을 용서하지 못하는 이유는 다양하지만, 대체로 그 이유는 상처가 너무 깊거나 불공정하다고 느끼기 때문이며, 상처를 준 사람이 나만큼 힘들어하지 않는다고 생각하기 때문입니다.

### 지는 것이 이기는 경우가 많습니다

요즘 '자존감'에 대한 관심이 높습니다. 그런데 상대적으로 '자존심'은 불필요한 것처럼 인식하는 경우가 있습니다. 그러나 사람에게는 둘 다 필요하고, 중요합니다. 자존감은 자신을 스스로 사랑하는 마음이고, 자존심은 타인이 나를 존중해 주고 받들어 주길 바라는 감정으로 이해합니다. 또한 자존감은 타인의 시선과 상관없이 자기를 존중하는 마음, 스스로를 업신여기지 않으면 남도 자신을 업신여기지 않는다는 마음이고, 자존심은 남에게 굽히지 않고 자신의 가치와 품위를 지키려는 마음입니다.

우리는 간혹 쉽게 체면이나 양심을 내려놓는 이에게 "넌 자존심도 없냐?"라고 말하곤 합니다. 자존심을 지키는 것도 중요합니다. 자존감이 낮으면 항상 타인의 평가에 민감하게 반응하고 상처받습니다.

반대로 자존심만 내세우는 사람은 괜한 고집과 이기심 때문에 상대방을 불편하게 합니다. 자존감만 지나치게 높으면 타인의 평가에 귀 기울이거나 타인의 의견을 경청하지 않기에, 자기 잘난 맛에 빠져 살곤 합니다. 자존심과 자존감은 모두 자기 존중의 욕구에서 나오는 것이고, 자신의 가치를 인식하는 것이기에 둘 다 필요하지만, 두 가지 중 한 가지가 지나치거나 모자랄 때, 주변 사람들과 문제가 발생합니다.

사실 인간관계는 그 자체로 어렵습니다. 간혹 인간관계에 어려움을 느끼지 않는다는 사람도 있는데, 그런 경우 대개 그 사람이 인간관계를 어렵게 만드는 사람일 수 있습니다. 평화롭게, 화목하게 잘 지낼 수 있는 방법은 무엇일까요? 예수님께서 알려 주신 가장 큰 가르침은 용서입니다. 예수님께서는 "저희에게 잘못한 이를 저희가 용서하오니 저희 죄를 용서하시고"라고 매일 기도하라 가르치십니다. 물론 용서는 쉽지 않습니다. 가까운 사이일수록 더 어렵습니다.

인간, 시간, 공간 등에는 모두 '사이間'가 있습니다. 가장 중요한 것에는 언제나 '사이'가 있고, '사이'가 없으면 아무것도 존재할 수 없습니다. 너무 가깝거나 멀면 좋은 '사이'가 아닙니다. 부모와 자식이든, 친구든 '적당한' 거리가 필요합니다. 피를 나눈 가족과도 다툴 수 있고, 친한 친구와도 싸우는 경우가 많은데, 하물며 성당에서 만나 함께 봉사하는 사람들과 아무 문제 없이 오래 지내는 것은 거의 기적에 가까운 일입니다.

성경의 가르침은 많은 경우 지는 것이 곧 이기는 것이라 알려 줍니다. 사람의 눈과 달리 하느님 보시기에 양보하고 용서하는 것이 은총의 행위입니다. 옆에서 보면 쓰러진 것처럼 보이지만, 위에서 보면 아름다운 도미노처럼 말입니다.

### 용서란 내 마음에서 독을 빼내는 수술

"눈에는 눈, 이에는 이." 한번쯤 들어 봤을 이 말은 고대 바빌로니아 왕국의 함무라비 왕이 선포했던 '함무라비 법전'의 내용입니다. 다른 사람의 눈을 멀게 하면 그 사람 눈도 멀게 하고, 다른 사람의 뼈를 부러트렸다면 그 사람의 뼈도 부러트리라는 말입니다. 일견 '공정'해 보일지 모르지만, 예수님의 가르침은 전혀 다릅니다. "너희는 원수를 사랑하여라. 그리고 너희를 박해하는 자들을 위하여 기도하여라. 그래야 너희가 하늘에 계신 너희 아버지의 자녀가 될 수 있다."(마태 5,44-45). 예수님께서는 친한 사람뿐 아니라 원수까지도 사랑하라 하십니다. 원수를 사랑하는 것이 도대체 가능하기나 한 일일까요?

그런데 이 가르침의 핵심은 원수까지도 사랑함으로써 참된 '아버지의 자녀가 됨'입니다. 즉, 아버지의 자녀가 되는 것은 아버지를 닮은 사람이 되는 것, 예수님께서 보여 주신 모범을 따라하는 것입니다. 예수님처럼 살고자 노력하라는 말씀입니다. 누군가를 미워하고 저주하면, 자신의 영혼이 더 상처받습니다. 그래서 아우구스티노 성인은 "원망이란 내가 독을 마시고 상대가 죽기를 바라는 마음"이라 했습니다.

미워하기는 참 쉽지만, 용서하기는 힘듭니다. 때로는 용서가 불가능해 보일 때도 있습니다. 용서란 내 마음에서 독을 빼내는 수술이기 때문입니다. 그러나 용서는 근본적으로 상대가 아니라 내 영혼을 위한 것임을 기억해야 합니다. 그토록 어려운 용서를 실천한다면, 우리에게 주어지는 은총은 더 클 것입니다. "저희에게 잘못한 모든 이를 저희도 용서하오니 저희의 죄를 용서하시고"(루카 11,4), "너희가 다른 사람들을 용서하지 않으면, 아버지께서도 너희의 허물을 용서하지 않으실 것이다."(마태 6,15).

물론 용서할 준비가 충분치 않은데, 용서에 대한 강박으로 준비되지 않은 용서를 한다면 더 큰 화를 부를 수도 있습니다. 용서를 위해 너무 서두르지 마시기 바랍니다. 준비되었을 때 용서하고, 용서하기 위해 준비하기 바랍니다. 용서는 언제나 기도와 참된 회개를 전제합니다. 용서하기 위해 먼저 기도하십시오. 그리고 참된 회개는 예수님의 십자가 사건으로 모든 인간의 죄가 사라졌음을 깨닫고, 성령께서 우리 마음 안에 함께하심을 느끼는 데서 출발합니다. 언제나 우리를 향한 하느님의 사랑이 회개의 출발점이고, 신앙의 시작점입니다. 하느님 사랑을 깊게 체험한 사람만이 참된 용서를 할 수 있습니다. "행복하여라, 자비로운 사람들! 그들은 자비를 입을 것이다."(마태 5,7).

"그리스도의 평화가 여러분의 마음을
다스리게 하십시오."(콜로 3,15)

## 04 마리아, 마르타, 라자로 –
"참 좋은 몫을 택했다."(루카 10,38-42)

### 주님 보시기에 좋은 몫은?

마르타와 마리아, 라자로는 성경의 중요한 인물입니다. 마르타와 마리아는 자매이고, 라자로는 그들의 오빠입니다. 이들은 예수님을 따르던 신앙 공동체의 일원이었고, 예루살렘 근처 베타니아에 살면서 자주 예수님을 모셨습니다. 특히 라자로는 예수님의 특별한 사랑을 받은 인물로, 그가 죽었을 때 예수님께서 눈물을 흘리시고, 결국 그를 기적으로 다시 살리셨습니다(요한 11장 참조). 라자로의 다시 살아남은 예수님의 권능과 사랑을 드러내는 매우 중요한 사건입니다.

예수님과 그 일행이 길을 가시다가 어느 마을에 들어갔을 때 마르타가 예수님을 자기 집으로 모셨습니다. 마르타는 예수님께 식사를 대접하려고 분주히 시중을 들었습니다. 마르타에게는 마리아라는 동생이 있었는데, 마리아는 주님의 발치에 앉아 그분 말씀을 듣고 있었습니다. 그 사이 마르타는 혼자 많은 일을 하다가 화가 나서 예수님께 말했습니다. "주님, 제 동생이 저 혼자 시중들게 내버려두는데도 보고만 계십니까? 저를 도우라고 동생에게 일러 주십시오."(루카 10,40).

이 모든 상황을 다 아신 예수님께서는 마르타에게 이렇게 말씀하셨습니다. "마르타야, 마르타야! 너는 많은 일을 염려하고 걱정하는구나. 그러나 필요한 것은 한 가지뿐이다. 마리아는 좋은 몫을 선택하였다. 그리고 그것을 빼앗기지 않을 것이다."(10,41-42).

마르타는 예수님께 대접할 식사를 준비하고 있었고, 마리아는 예수님의 말씀을 듣고 있었습니다. 본인도 예수님 곁에서 말씀을 듣고 싶었지만 그럴 수 없었던 마르타는, 자신의 상황은 아랑곳하지 않고 그저 예수님 곁을 지키는 동생 마리아가 서운하고 얄미웠던 듯합니다. 이때 예수님께서 말씀하십니다. "마리아는 좋은 몫을 택했다!"

이 말씀을 봉사(마르타)보다 관상 혹은 기도(마리아)가 더 중요하고 우선한다는 뜻으로 해석하기도 하지만, 제 생각은 다릅니다. 예수님 말씀을 열심히 듣는 마리아가 좋은 몫을 택한 것은 맞지만, 부엌에서 밥하고 예수님의 시중을 드는 마르타가 나쁜 몫을 택한 것은 아니기 때문입니다. 만일 어느 본당에 교구장님이 방문했을 때, 성전에서 전례와 성가 봉사하는 사람은 좋은 몫을 택한 것이고, 밖에서 땀 흘리며 주차 관리하고 밥하는 사람은 나쁜 몫을 택한 것입니까? 몸으로 하는 봉사가 말씀을 듣는 것보다 덜 중요합니까? 인간의 눈에는 그렇게 보일 수 있지만, 하느님 보시기에는 절대 그렇지 않습니다.

아우구스티노 성인은 봉사를 가장 높은 수준의 완덕이라고 했습니다. 제대로 기도한 사람만이 제대로 봉사할 수 있다는 뜻입니다. 주님께서 보시기에 마리아는 좋은 몫을 택했고, 마르타도 좋은 몫을 택했습니다.

단지 마르타가 마리아를 부러워하고 곁눈질하며, 이미 마음을 빼앗긴 것이 문제입니다. 관상이 아닌 봉사를 선택한 것이 잘못이 아니라, 본인에게 주어진 몫에 충실히 집중하지 못하고, 다른 사람의 몫을 부러워한 것이 문제입니다. 만일 두 자매 모두 예수님 발치에서 마냥 예수님 말씀을 듣고만 있었다면, 아마도 예수님께서 그들에게 이렇게 말씀하시지 않으셨을까요? "그런데, 밥은 언제 먹니??"

### 영원한 생명은 누구에게 주어지나요?

요한 복음서의 저자는 나자렛 출신 예수님을 하느님의 아들, 그리스도로 믿고, 그 이름으로 영원한 생명, 곧 구원을 얻기 바라는 마음으로 복음서를 기록했다고 말합니다(요한 20,31 참조). 이는 모든 복음서와 신약 성경 전체의 주제와 일치합니다.

그러나 요한 복음사가는 마리아의 아들 예수님이 하느님의 말씀이고, 하느님과 같은 영원한 분이시며(요한 1,1-3.18 참조), 생명의 근원(6,51.57 참조)이시라 증언합니다. 공관 복음서가 '하느님 나라'에 강조점을 두는 반면, 요한 복음서는 그리스도를 통해 하느님께서 베푸시는 '영원한 생명'을 복음 선포의 중심에 둡니다.

요한 복음서 11장 전체는 라자로의 죽음에 관한 이야기입니다. 라자로가 죽자(1-16절 참조), 예수님께서 그를 찾아가시어 마르타와 라자로의 죽음에 대해 말씀하십니다(17-27절 참조). 라자로의 죽음에 눈물을 흘리신 예수님께서는(28-37절 참조), 죽은 라자로를 다시 살리셨습니다(38-44절 참조). 예수님의 기적 이야기를 들은 사람들이 동요하자, 최고 의회는 예수님을 죽이기로 결의했습니다(45-57절 참조).

요한 복음서에는 예수님께서 행하신 일곱 '표징'(공관 복음서에서는 '기적')이 나타납니다. 그중 죽은 라자로를 살리신 사건은 마지막이자, 가장 결정적인 표징입니다. 라자로의 소생은 예수님께서 하느님의 아들이심을 드러내는 가장 결정적인 사건이고, 인간 구원의 내용과 방향을 미리 보여 주시는 사건입니다. 이를 통해 예수님께서는 당신 자신이 부활이고 생명임을 알려 주십니다. "나는 부활이요 생명이다. 나를 믿는 사람은 죽더라도 살고, 또 살아서 나를 믿는 모든 사람은 영원히 죽지 않을 것이다."(11,25-26). 장례 미사 중 자주 듣는 구절입니다. 예수님을 믿는 사람은 죽지 않는다는 뜻입니다. 물론 소생과 부활은 서로 차이가 있습니다. 둘 다 다시 살아나는 것이지만, 전자는 다시 살아난 후 다시 죽음을 맞이하고, 후자는 다시 죽지 않고 영원히 삽니다.

그렇다면 영원한 생명은 누구에게 주어질까요? 부활이요 생명이시라는 예수님의 말씀을 듣고 마르타는 이렇게 답합니다. "예, 주님!

저는 주님께서 이 세상에 오시기로 되어 있는 메시아이시며 하느님의 아드님이심을 믿습니다."(11,27). 마르타는 예수님의 자기 계시 말씀을 듣고, 예수님께서 주님이시고 하느님의 아들이심을 믿었습니다. 이 내용이 그리스도교 신앙 고백의 핵심입니다. 예수님께 대한 신뢰와 믿음에서 비롯한 이 신앙 고백이 그리스도교의 중심입니다.

### 기도는 감사와 사랑의 마음 표현

죽은 라자로의 소생은 예수님께서 부활과 영원한 생명 자체이심을 드러낸 사건입니다. 예수님은 신적 권능으로 죽은 이를 일으켜 세우셨으며, 이는 믿는 이들에게 약속된 하느님의 구원 사건을 미리 보여 준 것입니다. "주님, 죽은 지 나흘이나 되어 벌써 냄새가 납니다."(11,39). 하느님께는 불가능한 것이 없습니다. 믿음 안에서 죽음은 끝이 아니고, 믿음은 불가능을 뛰어넘게 해 줍니다. 믿음은 기도로 표현되고, 기도로 강해집니다.

기도의 목적은 하느님과 일치하는 것입니다. 기도는 내 몸과 마음을 하느님께 향하는 것이고, '지금, 여기서' 하느님의 현존을 느끼며 함께하는 것입니다. 아기 예수의 데레사 성인은 "제게 기도란 마음을 들어 올리고, 온전히 하늘을 바라보는 일이며, 시련이나 기쁨의 한 가운데에서 감사와 사랑의 마음으로 외치는 일입니다."라고 말했습니다.

평소 기도할 때 '내가 필요한 것'을 기도하시나요? '내게 필요한 것'

을 위해 기도하시나요? 기도는 내 말을 하느님께서 들으시는 것이 아니라, 하느님께서 하시는 말씀을 내가 듣는 것입니다. 내 마음이 고요해질 때까지 참고 기다린 후에 하느님의 말씀을 듣는 것이 기도입니다.

"그 빛이 어둠 속에서 비치고 있다.
그러나 어둠이 빛을 이겨본 적이 없다."
(요한 1,5, 공동번역 성서)

# 05  되찾은 아들의 비유(루카 15,11-32)

**예수님이 말씀하신 하느님의 사랑**

신부가 되기 위해 신학교에 입학할 때는 당시 본당 신부님의 추천을 받아야 하며, 그 신부님이 '아버지 신부님'이 됩니다. 이렇게 우리는 하늘에 계신 아버지, 우리를 낳아 주신 아버지, 세례와 견진 때의 아버지에 이어 또 한 분의 아버지를 모시게 되는 셈입니다. 저에게도 아버지 신부님이 계셨는데, 지금은 하늘 나라에서 저를 위해 기도하고 계십니다.

저는 신학교 입학 후 이러저러한 이유로 1학년 1학기를 마치고 군대를 갔습니다. 제대 후 신학교 복학까지 10개월 정도 시간이 있었는데, 이때 사제관에서 본당 신부님과 함께 살았습니다. 20대 중반의 혈기 왕성하고 놀기 좋은 나이에 저는 거의 매일 밤 성당 청년들과 늦게까지 어울렸고, 몰래 사제관에 들어가곤 했습니다. 군대에서 배운 은폐, 엄폐로 기도 비닉을 유지하며, 마치 아무 일도 없었던 것처럼 즐겁게 놀았습니다.

한참 후, 제가 사제 서품을 받을 즈음 아버지 신부님을 찾아뵈었을 때, 다른 분을 통해 알게 되었습니다. 제가 밤마다 나가 놀다가 늦게 귀가했다는 사실을 아버지 신부님도 알고 계셨다는 것이었습니다. 그런데 신부님은 그때에도, 또 제가 신부가 될 때에도 한마디 말씀도 하지 않으셨습니다. 그저 저를 제 모습대로 이해해 주셨고, 제가 깨달을 때까지 기다려 주셨습니다.

그 사람이 스스로 깨닫고 변할 때까지 기도해 주고, 기다려 주는 것, 내가 무언가 하는 것이 아니라 하느님께서 무언가 해 주시기를 바라는 것, 이것이 바로 예수님께서 말씀하신 하느님의 사랑입니다.

### 하느님 사랑의 속성, 기다림과 인내

루카 복음서 15장에는 '잃어버린 것들'에 대한 세 가지 비유가 나옵니다. 되찾은 양의 비유(1-7절), 되찾은 은전의 비유(8-10절), 그리고 그 유명한 돌아온 탕자 이야기, 즉 '되찾은 아들의 비유'(11-32절)입니다. 이 비유의 내용은 잘 아실 겁니다. 망나니 같은 둘째 아들이 부모 속을 썩이다 결국 재산을 챙겨 집을 나갔지만, 고생을 거듭하다 결국 다시 집으로 돌아옵니다.

중요한 것은 아들의 행동이 아니라 아버지의 마음입니다. 재산을 탕진하고 집으로 돌아오는 둘째 아들이 "아직도 멀리 떨어져 있을 때에 아버지가 그를 보고"(20절) 달려갑니다. 아버지는 그가 집을 나간 후 매일 언덕에 올라 아들을 기다렸던 것 같습니다. 하인들을 풀어 강제로 데려올 수도 있었지만, 그랬다가는 아들이 다시 나갔을 것을 알기에, 아들이 스스로 돌아올 때까지 그저 기도하고 기다렸습니다.

사랑은 이렇게 무력합니다. 하느님의 사랑이 그렇고, 십자가의 사랑도 그러합니다. 항상 더 많이 사랑하는 사람이 더 참고 희생합니다.

하느님께서는 이 세상을 창조하실 때, 모든 것에 '질서cosmos'를 부여하셨습니다. 세상 모든 것은 하느님의 뜻에 따라 자유로운 존재면서, 동시에 질서 있게 창조된 존재입니다. 세상 만물, 특히 인간은 자유와 질서가 함께 존재할 때 완성됩니다. '원죄原罪'는 기본적으로 하느님의 뜻을 거역하는 것입니다. 하느님의 뜻은 '질서가 있는 자유, 자유가 있는 질서'입니다. 이 비유에 등장하는 둘째 아들에게는 자유는 있지만, 질서가 없었습니다. 자유만 강조되어 질서가 사라지면 '혼돈chaos'이 옵니다. 뒤에 등장하는 첫째 아들에게는 질서는 있었지만 자유가 없었습니다. 이 두 사람 모두 하느님의 뜻과는 거리가 있습니다.

이 비유에 등장하는 아버지는 자유와 질서를 초월하는 하느님의 모습, 즉 완전한 사랑을 보여 줍니다. "사랑은 언제까지나 스러지지 않습니다."(1코린 13,8). 인간을 향한 하느님의 사랑은 두 아들을 향한 아버지의 모습과 같습니다. 만약 아버지가 둘째 아들에게 논리적으로 대응했다면, 그는 아들을 하나 잃고, 하인을 한 명 얻었을 것입니다. 하느님의 뜻, 즉 하느님 사랑의 결론은 기다림, 인내입니다. 사랑은 다른 사람을 참고 기다리는 것이고, 희망은 나를 참고 기다리는 것이며, 믿음은 하느님을 참고 기다리는 것입니다.

### "진리가 너희를 자유롭게 할 것이다."

하느님이 계신데 왜 세상에는 악이 가득한가? 하느님께서 우리를, 나를 사랑하시는데 왜 세상에는 악과 고통이 가득한가? 아우구스티노 성인은 악과 고통을 인간의 자유 의지로 설명합니다. 즉, 하느님께서는 전지전능한 분이시기에 하느님의 창조는 완전하고, 부족함이 없었습니다. 그런데 인간에게 주어진 자유 의지의 남용과 선의 결핍이 악을 불러왔다는 것입니다. 세상에 죄와 악, 고통이 발생하는 원인은 하느님의 뜻이 아니라, 인간의 자유 의지 남용이라는 것이 성인의 설명입니다.

물론 이 설명이 완벽하다 할 수 없고, 우리의 의문을 다 해결해 줄 수도 없습니다. 하지만 인간의 자유 의지 남용에서 기인한 죄의 발생, 동시에 인간이 완성되기 위한 조건과 내용을 생각해 볼 수는 있습니다. 왜 인간은 악을 저지르고, 불완전한 존재로 살고 있을까요? 인간의 자유는 이미 주어졌지만, 아직 완성되지 않았기 때문입니다. "진리가 너희를 자유롭게 할 것이다."(요한 8,32). 인간 자유의 완성은 진리로써 가능하고, 진리를 필요로 합니다. 진리가 인간 자유를 완성시킬 수 있고, 결국 인간을 구원합니다. 당신 자신을 진리라고 하신 예수 그리스도가 인간 자유의 완성입니다.

되찾은 아들의 비유에 등장하는 아버지의 모습이 인간을 구원으로 이끌어 주시는 하느님의 모습입니다. 아버지이신 하느님의 모습처럼, 사랑은 모든 것을 수용하고 완성합니다. 하느님은 사랑이시고, 진리이십니다. 사랑 안의 진리(에페 4,15 참조), 진리 안의 사랑이 하느님께 향하는 길입니다.

### 여행의 목적은 다시 돌아가는 것

중국 속담에 이런 말이 있습니다. "여행이란 내가 사는 지겨운 곳에서 누군가 지겹게 사는 곳으로 돈을 내고 떠나는 것이다." 공감이 가는 말이지요. 동시에 여행은 '여'기서 '행'복하게 사는 것의 줄임말이라고도 합니다. 모든 여행은 장소는 물론 생각도 바뀌게 하는 역할을 하기에 의미 있습니다. 그러나 모든 여행은 끝이 있고, 그 끝은 출발지로 다시 돌아오는 것입니다. 모든 인간은 지상에서 잠시 여행 중이고, 순례 중입니다. 인간, 교회, 그리고 이 세상도 원래 있던 곳으로 다시 돌아갑니다. 그래서 지상 여정 중에 신앙을 통해 알게 된 하느님을 사랑하고, 미래에 얻게 될 좋은 것에 대한 희망을 품고 살아야 합니다.

언젠가 우리 모두 하느님께 돌아갈 것임을 기억해야 합니다. 그리고 마침내 영원한 생명을 얻기 전, 우리 모두는 "그리스도의 심판대 앞에 나서야 합니다. 그래서 저마다 좋은 것이든 나쁜 것이든, 이 몸으로 한 일에 따라 갚음을 받게"(2코린 5,10) 될 것이며, 구세주의 재림 때 선을 행한 이들은 부활하여 생명을 얻고, 악을 저지른 자들은 부활하여 심판을 받을 것입니다. "지금은 거울에 비친 모습처럼 어렴풋이 보지만"(1코린 13,12), 언젠가는 우리 모두 하느님을 직접 마주하게 될 것입니다. 믿는 이들은 "장차 우리에게 계시될 영광에 견주면, 지금 이 시대에 우리가 겪는 고난은 아무것도 아니라고"(로마 8,18; 2티모 2,11-12 참조) 여기며, 믿음 안에서 힘을 내어야 합니다.

> "나거나 들거나 주님께서 너를 지키신다,
> 이제부터 영원까지."(시편 121,8)

## 06 부자와 라자로의 비유 (루카 16,19-31)

### 인간다운 삶이란?

 "후회 없는 삶을 살고 싶다." 간혹 듣는 말입니다. 한편으로는 이해되지만, 다른 한편으로는 바람직한 삶은 아닌 것 같습니다. '후회하고 실망하는 것'은 지극히 인간적인 삶의 일부이기 때문입니다. '실망'이란 기대와 결과에 대한 감정으로, 기대한 만큼 결과가 따르지 않으면 실망합니다. '후회'란 비교와 선택 이후에 따르는 감정입니다. 짜장면을 먹을까 짬뽕을 먹을까 고민하다가, 나중에는 결국 후회합니다.
 그런데 후회라는 감정에는 언제나 반성과 성찰이 필요합니다. 침팬지와 같은 유인원도 제한적으로나마 성찰의 기능이 있다고 하지만, 진정한 의미의 후회는 오직 인간만이 할 수 있다고 합니다. 따라서 후회 없는 삶이란 반성과 성찰이 없는 삶이기에, 인간다운 삶이라 할 수 없습니다. 후회를 많이 하는 것이 좋은 삶이라 할 수는 없지만, 후회를 전혀 안 하려는 삶은 인간다운 삶이 아닙니다.

성찰을 통해 후회를 줄여 나가는 것은 바람직하지만, 후회 없는 삶을 위해 뒤를 돌아보지 않는 것은 올바른 태도가 아닙니다. 인생의 목표는 성공이 아니라 성숙이라는 말이 있듯이, 매일 이루어지는 자신의 생각과 말과 행동을 성찰하면서, 후회가 되는 점을 살피고 개선하려는 노력은 개인의 성장을 위해서는 물론 하느님 보시기에도 참 좋은 모습이라 생각됩니다.

아리스토텔레스는 『니코마코스 윤리학』에서 이렇게 말했습니다. "제비 한 마리가 봄을 불러오는 것은 아니다." 운동 한 번 하고, 좋은 음식 한 번 먹었다고 갑자기 몸이 건강해지지 않습니다. 반복되는 행동을 통해 좋은 습관을 키우고, 습관을 통해 행동의 내면화를 이루어 내야 합니다. 좋은 것을 봐야 좋은 생각을 할 수 있고, 좋은 생각이 가득하면 좋은 말과 행동을 할 수 있습니다. 평소 좋은 습관을 갖고 올바른 행동을 해야 잘 살 수 있습니다.

### 부자가 지옥에 간 이유

루카 복음서 16장 19-31절에는 '부자와 라자로의 비유'가 있습니다. 고운 옷을 입고 날마다 즐겁고 호화롭게 지내던 부자의 집 대문 앞에는 라자로라는 거지가 종기투성이 몸으로 누워, 부자의 식탁에서 떨어지는 것으로라도 배를 채우기를 바라며 힘겹게 살았습니다.

어느 순간 두 사람은 죽음을 맞이했고, 라자로는 천국의 아브라함 곁에서 안락하게 지냈지만, 부자는 불길 속에서 고초를 겪으며 고통을 받았습니다. 부자가 지옥에 간 까닭은 무엇일까요? 부자는 다 지옥에 가나요? "부자가 하느님 나라에 들어가는 것보다 낙타가 바늘구멍으로 빠져나가는 것이 더 쉽다."(마태 19,24)라고 하신 예수님 말씀이 실현된 건가요?

예수님은 모든 부자들을 싫어하셨을까요? 예수님께서는 최소 열두 명의 제자들과 복음을 선포하러 다니셨습니다. 적지 않은 사람들이 그들에게 숙식을 제공했을 것이고, 그중에는 부자들도 있었을 것입니다. 또한 예수님을 따르던 사람들 중에는 당시 명망 있고 지도층에 속했던 이들, 예를 들어 니코데모나 아리마태아 사람 요셉 등도 있었습니다. 예수님은 부자를 싫어하거나 배척하지 않으셨습니다. 오직 자기만을 아는 탐욕스러운 부자들을 경계하셨던 것입니다.

그러면 루카 복음서 16장에 나오는 부자는 왜 지옥에 갔을까요? 해당 부분의 복음에는 뚜렷한 이유가 등장하지 않습니다. 거지 라자로를 돕지 않았기 때문일까요? 그렇다면 오늘날에도 우리 주변에는 어려운 이들이 많고, 우리도 모두 지옥에 가게 될 것입니다. 복음서는 부자가 지옥에 간 사실은 전하지만, 그 근거는 제시하지 않고 있습니다. 추정컨대, 그 부자 역시 오직 자기 자신의 안위만을 생각했던 탐욕스러운 사람이 아니었을까요? 하느님께는 인색하고, 오직 자기 자신, 자기 가족, 자기 지인에게만 친절하고 넉넉하게 베푸는 사람은 하느님의 뜻에서 먼 사람입니다. 비록 구체적인 악행을 저지르지 않았더라도, 평소 남에게 인색하고, 생각과 말과 행동이 올바르지 못한 사람은 결국 벌을 받는다는 것이 가톨릭 교회의 가르침입니다 (상선벌악賞善罰惡).

### 그런데 왜 라자로는 천국에 갔을까요?

그런데 우리가 생각해 봐야 하는 더 중요한 문제가 있습니다. 거지 라자로는 어떻게 천국에 갔는가입니다. 천국에는 어떤 사람이 가고, 라자로는 거기에 합당한 사람이었는가 하는 점입니다. 루카 복음서 16장에는 라자로가 천국에 갈 만한 어떤 이유도 나오지 않습니다.

신앙적으로 궁금한 점이 있으면, 이를 해결할 가장 좋은 방법은 예수님의 말씀과 행적, 삶을 통해 묵상해 보는 것입니다. 이 경우도 마찬가지입니다. 예수님께서 십자가에 못 박혀 돌아가신 이유는 무엇인가요? 예수님께서 인간의 말을 따르시지 않고, 하느님의 말씀대로 사셨기 때문입니다. 만일 예수님께서 인간들의 말대로 사셨다면, 호의호식하며 안락하게 지내셨을 텐데, 하느님의 뜻과 어긋나는 인간들의 말을 거부하셨기에 고난의 길을 가신 것입니다.

하느님 말씀대로 사는 것은 꽃길이 아니라 가시밭길을 걷는 일입니다. 하느님 말씀대로 열심히 살았는데, 왜 고통이 이리 많고, 삶이 힘들고 어려울까요? 주일 미사도 안 나오고, 취미 생활을 즐기며, 자기 자신만을 가꾸며 사는 사람은 편하고 안락하게 사는데, 왜 신앙생활 꾸준히 하고, 열심히 봉사하며, 성실하게 사는 사람은 삶이 험난할까요?

부자와 라자로 이야기가 예수님께서 주신 답입니다. 하느님께서 창조하신 세상이고, 하느님께서 인간을 너무 사랑한다고 하시는데, 삶이 왜 이리 힘들까요? 나중에 하느님께서 다 갚아 주실 자신이 있기 때문입니다. 비록 잠시 지나가는 인생은 고단할지 몰라도, 결국 하느님을 만나게 되면 하느님께서 다 갚아 주실 것입니다.

"고생하며 무거운 짐을 진 너희는 모두 나에게 오너라. 내가 너희에게 안식을 주겠다."(마태 11,28). 라자로가 천국에 간 것은 훌륭하게 살았기 때문이 아닙니다. 고단한 삶을 잘 참아 견디고, 죄를 덜 지으며 살았기에 하느님께서 되갚아 주신 것입니다. 하느님을 믿고 따르는 사람, 하느님 말씀대로 사는 사람, 자기 탓 없이 고통 중에 사는 사람을 하느님께서는 잊지 않으십니다.

### 스스로 불러들인 재앙은 피할 길이 없다

라틴어 격언에 이런 말이 있습니다. "죽음은 확실하다, 다만 시간은 불확실하다Mors certa, hora incerta." 인간은 결국 누구나 죽음을 맞이하고, 하느님을 만나게 될 것입니다. 하지만 살아 있는 동안에는 죽음을 너무 두려워하지 않아도 됩니다. 우리가 존재할 때는 아직 죽음이 오지 않았고, 죽음이 왔을 때는 우리가 존재하지 않기 때문입니다.

우리가 우선 관심을 가져야 할 것은 죽음 이후의 삶이 아니라 지금 현재의 삶입니다. 평소 좋은 습관을 키우고, 이를 통해 올바른 생각과 말과 행동을 실천해야 합니다. "생각과, 말과, 행동으로 죄를 많이" 짓지 마시기 바랍니다. 평소 내가 하는 말과 행동이 언젠가는 나에게 다시 복이 되어, 화가 되어 돌아올 것입니다. 하늘이 내린 재앙은 피할 수 있지만, 스스로 불러들인 재앙은 피할 길이 없다는 옛말을 기억하며, 하느님의 말씀대로 잘 사시기 바랍니다.

"악인이 콧대를 높여
'하느님은 벌하지 않는다. 하느님은 없다!' 하니
이것이 그의 생각 전부입니다."(시편 10,4)

**이것만은 꼭!**

## 전례가 신앙에 꼭 필요한가요?

### 전례는 교회의 공적 기도

기도는 하느님 앞에 머물며 '하느님 현존을 체험'하는 것입니다. 개인이 바치는 기도도 있지만, 교회 공동체가 함께하는 기도, 즉 '전례典禮'도 있습니다. 전례의 라틴어인 'Liturgia[리투르기애]'의 그리스어 어원은 'laos백성+ergon일, 업무'입니다. 그래서 전례를 '공적 기도', '공동의 예배'라 합니다. 즉, 전례는 교회가 정한 예식을 따라 함께 바치는 기도로 미사, 성사 및 준성사, 성무일도(시간 전례), 성체 조배, 성체 강복과 행렬 등을 지칭합니다.

전례는 개인의 기도가 아니라 하느님 백성인 교회 공동체가 드리는 기도이기에, 공통의 예식과 기도문이 있습니다. 그래서 전 세계 로마 가톨릭 교회의 미사, 성무일도 등 전례의 중요한 부분은 동일합니다. 또한 미사 중 서거나 앉거나 절하는 것도 전례의 일부입니다.

'아멘amen'이라는 단어의 뜻은 기본적으로 '맞습니다', '믿습니다'이지만, 원래 이 단어는 하느님 말씀에 순종과 동의를 표하는 의미인 '서 있다.', '똑바로 서다.'라는 단어와 어원이 같습니다. 즉, 하느님 앞에 똑바로 서 있다는 것은 하느님과 함께 있다. 하느님 말씀을 믿고 그 말씀에 순종한다는 의미입니다. 전례 중 '아멘'이라는 말과 함께 하느님 앞에 똑바로 서 있는 것은 우리의 신앙을 표현합니다.

### 전례력 구분

교회가 전례를 지내기 위해 마련한 교회 달력인 전례력은, 3년을 주기로 가, 나, 다해(혹은 A, B, C)로 구분합니다. 각 해의 전례 시기는 예수님의 탄생, 공생활, 수난과 죽음과 부활을 기준으로, 대림 시기에서 시작해, 성탄 시기, 연중 시기, 사순과 부활 시기 등으로 구분합니다. 각 시기 중에는 대축일, 축일, 기념일 등이 있는데, 대축일 중 삼위일체 하느님과 관련된 대축일(주님 탄생 예고, 성탄, 주님 공현, 부활, 주님 승천, 성령 강림, 삼위일체, 성체 성혈 등)이 가장 높은 등급이고, 그 다음으로 성모님과 그 밖의 대축일(성 베드로와 성 바오로 사도, 성 김대건 안드레아 사제와 성 정하상 바오로와 동료 순교자들, 모든 성인 등) 순으로 기념합니다.

축일 역시 하느님과 관련된 축일(주님 세례, 주님 봉헌 등)이 가장 높은 등급이고, 이후 성모님, 사도들, 성인들 순으로 기념합니다. 대축일, 축일, 기념일은 미사 중 제대 위 초의 개수로 알 수 있습니다. 특별한 경우를 제외하고, 대축일에는 제대 좌우에 3개씩, 축일과 주일에는 2

개씩, 기념일이나 평일에는 1개씩 초를 켭니다. 부활 8일 축제는 대축일처럼 3개씩, 성탄 8일 축제 때는 2개씩 켭니다.

### 전례의 중심은 예수 그리스도

전례나 전례력은 모두 예수 그리스도의 생애와 수난, 죽음과 부활을 기념하고 묵상하는 것과 깊은 관련이 있습니다. 기억하거나 기념하는 이유는 '지금, 여기서' 다시 느끼기 위함입니다. 즉, 그리스도 현존을 지금 여기서 느끼는 것, 현존의 현재화가 전례의 목적이라 할 수 있습니다. 전례의 모든 것은 예수 그리스도를 중심으로 거행됩니다. 그래서 전례 시기의 시작은 대림이며, 이는 예수 그리스도의 육화 이전 시기, 즉 구약 시기를 상징합니다.

'대림待臨 시기'는 통상 성탄 전 4주간의 기간을 말하며, 메시아를 고대하는 시기입니다. 대림 시기는 라틴어로 'Adventus[아드벤투스]'라고 하는데 이는 'ad~쪽으로+ventus오다', 즉 하느님께서 우리 쪽으로 오심을 기억하는 시기입니다. 메시아를 기다리는 사람에게 필요한 준비와 자세는 회개와 속죄입니다. '회개悔改'란 회두(回頭, 고개를 돌리다), 회심(回心, 마음을 돌리다), 즉 하느님을 향해 몸과 마음을 돌이키는 것입니다. '속죄贖罪'는 대가를 지불하고 죄를 용서받는 것입니다. 예수님의 십자가 수난이라는 속죄 사건을 통해 인간 모두가 구원을 받은 것처럼, 우리 그리스도인 역시 자신을 희생하고 보속하며 속죄하는 마음을 갖고 구세주의 오심을 기다려야 합니다.

성탄 시기는 하느님의 말씀이 사람이 되시어 우리와 같은 인간이 되심을 기억하고, 찬미하며, 감사하는 시간입니다. 이후 잠깐의 연중 시기를 거쳐 사순 시기를 맞이합니다.

'사순四旬'은 말 그대로 40일의 기간입니다. 물론 사순 시기가 딱 40일인 것은 아닙니다. 성경에서 '40'은 상징적인 의미가 강한 숫자입니다. 구약 시대 노아가 방주를 준비했던 홍수는 40일 동안 비가 내렸고, 모세는 히브리 백성과 40년을 광야에서 지냈으며, 엘리야는 40일간 단식을 했습니다. 신약 시대에도 예수님 역시 광야에서 40일간 단식을 하셨고, 부활하시고 난 후 40일 후에 승천하셨습니다. 성경에서 40이라는 숫자가 의미하는 바는, 바로 하느님을 만나기 위한 준비, 하느님의 뜻을 실행하기 위한 준비입니다.

### 전례와 기도의 의미와 목적

하느님께서는 이미 모든 것을 알고 계신데, 우리는 왜 기도를 하고 전례를 드려야 할까요? 기도를 바치는 궁극적 이유는 하느님께 드리는 찬미와 찬양도 있지만, 동시에 우리 자신을 위해서입니다. 기도를 통해 하느님을 알고, 그분 사랑을 깨달아 누리는 것, 하느님과 하나 되고 일치하는 것이 기도와 전례의 목적이자 의미입니다. "교회는 전례에서 바로 그리스도의 파스카 신비를 거행하고 선포한다. 이는 신자들이 세상에서 이 신비로 살아가고 이 신비를 증언하게 하려는 것이다."(『가톨릭 교회 교리서』 1068항).

혼자서 꾸준히 기도하기 어렵기에, 예수님 말씀처럼 교회는 함께 하는 공적 기도인 전례로 우리를 도와줍니다. 그리고 기도는 혼자 할 때보다 여럿이 할 때 더 힘이 세고 확실합니다. 끊임없이 기도한다면 (루카 18,35-43 참조), '청하고, 찾으며, 두드리면 주실 것이고, 얻을 것이며, 열릴 것'입니다(마태 7,7 참조). 얼마나 기도하면 하느님께서 우리의 기도를 들어주실까요? 정답은 '들어주실 때까지'입니다.

### 그리스도 현존 체험인 성체성사

감실은 라틴어로 'Tabernaculum[타베르나쿨룸]'입니다. 이 단어의 원래 의미는 천막 내지 장막이며, 구약에서 하느님 현존을 의미하는 '말씀의 궤'를 모신 장막, 성전을 상징합니다. 하느님 현존 체험이 그리스도의 몸으로 현재화되기에, 그분의 몸인 성체성사는 신앙의 중심이 되고, 성체를 모신 곳은 하느님 현존의 구체적인 장소가 됩니다.

성체는 거룩하신 그리스도의 몸입니다. 신앙이란 내 힘으로 무언가를 하는 것이 아니라, 내 안에 계신 하느님께서 활동하시도록 내 힘을 빼고, 내 입을 닫고, 조용히 머무는 것입니다. "이제는 내가 사는 것이 아니라 그리스도께서 내 안에 사시는 것"(갈라 2,20)이 신앙생활입니다. 따라서 예수 그리스도를 통해 하느님께 우리 죄를 용서받고, 하느님과 친교와 일치를 이루는 것이 전례의 핵심입니다.

특히 성체성사는 예수 그리스도의 수난과 죽음의 의미는 물론, 부활의 의미도 전해 줍니다. 예수님께서는 성체성사 안에서 "생명의 빵"(요한 6,35.48), "살아 있는 빵"(요한 6,51)이십니다. 그분께서 십자가에서 죽음을 맞이하신 이유와 그 결과인 구원 은총, 부활의 참의미와 부활의 희망 등, 이 모든 의미를 함축한 것이 미사, 성체성사입니다. 성체는 죽음을 이겨 내는 영생의 힘입니다.

"십자가 위에서는 신성을 감추시고
여기서는 인성마저 아니 보이시나
저는 신성, 인성을 둘 다 믿어 고백하며
뉘우치던 저 강도의 기도 올리나이다."

(성 토마스의 「성체찬미가」 중)

"나는 그리스도와 함께
십자가에 못 박혔습니다.
이제는 내가 사는 것이 아니라
그리스도께서 내 안에 사시는 것입니다."

(갈라 2,19-20)

## 제4장

# 예수님의 수난과 죽음

# 01 성체성사는 최후의 만찬에서 시작된 건가요?

**성삼일은 1년 중 가장 중요한 신앙의 시간**

가톨릭 교회에서 1년 중 가장 중요한 한 주간은 성주간입니다. 성주간은 예수님께서 많은 사람의 환호를 받으며 예루살렘에 입성하신 사건을 기념하는 주님 수난 성지 주일로 시작됩니다. 예수님께서 예루살렘에 입성하신 이유는 두 가지입니다. 첫째는 파스카 축제에 참여하시기 위해서이며, 둘째는 당신 자신이 파스카 제물, 즉 십자가 제물이 되시기 위해서입니다.

구약의 파스카 사건은 하느님 백성인 이스라엘의 구원 사건으로, 이스라엘이 어린양의 피로 구원된 사건입니다. 곧 벌어질 예수님의 십자가 사건은 바로 이 파스카 사건과 깊은 연관이 있습니다. 예수님 수난의 모든 과정은 서로 깊이 연결되어 있기에, 수난사는 전체적인 맥락과 흐름 안에서 이해해야 합니다.

성삼일, 그중에서도 예수님의 수난, 죽음, 부활이 이루어진 시간은 특히 더 중요한 시간입니다. 성삼일은 예수님께서 제자들의 발을 씻어 주신 세족례에서 시작합니다. 이 예식은 예수님의 유언과 같은 행위로, 그리스도인의 기본자세, 즉 봉사의 의미와 자세를 주님께서 직접 보여 주신 것입니다. "주님이며 스승인 내가 너희의 발을 씻었으면, 너희도 서로 발을 씻어 주어야 한다."(요한 13,14).

발 씻김을 통해 몸과 마음이 정화된 사람들은 하느님을 위한 예배에 참여할 준비가 된 것이고, 이때 예수님은 제자들에게 '새 계명'을 주십니다. "서로 사랑하여라. 내가 너희를 사랑한 것처럼 너희도 서로 사랑하여라."(요한 13,34). 계명이란 계약의 실천 사항으로, 계명을 지키면 계약이 성립됩니다. 앞서 언급했듯, 구약의 계명은 원래 십계명이지만, 각 항목을 세분화하고 중요한 점을 풀어 설명하다 보니 총 613항이나 된 것입니다. 이 모든 내용을 염두에 두고, 예수님께서 구원에 이르는 계명을 한 가지로 정리해 주십니다. "서로 사랑하여라!"

### 예수님 최후의 만찬은 십자가 사건과 연결

예수님께서는 수난 전날 제자들과 함께 만찬을 하셨습니다. 마지막 식사였기에, '최후의 만찬'이라 합니다. 이 만찬에는 중요한 의미가 있습니다. 첫째는 앞서 살펴본 것처럼 제자들의 발을 닦아 주신 후, 새 계명을 주셨습니다. 둘째는 십자가 사건의 의미를 당신이 직접 알려 주십니다. 셋째는 "그리스도교 생활 전체의 원천이며 정점인"(『교회 헌장』 11항) 성체성사가 제정됩니다. 최후의 만찬은 십자가 사건의 의미를 밝혀 주고, 성체성사와 연결되는 가장 핵심적인 신비입니다.

예수님께서는 십자가 수난 전날 저녁 사랑하는 제자들과 만찬을 하셨고, 이때 당신 몸과 피로 성찬의 희생 제사를 제정하셨습니다. 구원 사건의 절정은 십자가 위에서 이루어지는데, 이는 인류 구원을 위해 당신이 인간의 죄를 대신하여, 십자가 희생 제사를 바치신 것입니다(대속代贖).

십자가 사건은 최후의 만찬과 긴밀히 연결됩니다. 예수님께서는 최후의 만찬 때 희생 제사의 의미를 설명하셨고, 이 예식을 행할 것을 당부하셨습니다. "이는 너희를 위하여 내어 주는 내 몸이다. 너희는 나를 기억하여 이를 행하여라."(루카 22,19). "이 잔은 너희를 위하여 흘리는 내 피로 맺는 새 계약이다."(루카 22,20). 십자가 사건은 우리 모두를 위한 희생 제사입니다. "미사는 십자가의 희생 제사가 영속되는 제사적 기념"(『가톨릭 교회 교리서』 1382항)입니다.

미사 혹은 성체성사는 십자가 희생 제사를 기념하고, 그 의미를 오늘날까지 지속시킵니다. 물론 예수님께서는 단 한 번의 희생 제사로 영원히 완전하게 해 주셨지만(히브 10,14 참조), 우리는 매일 미사 예식을 반복합니다. 이는 단순 반복이 아니라, 십자가 희생 제사를 '기억'하고, '기념'하는 것입니다. 미사를 통해 십자가 사건을 기억하고, 기념하는 이유는 예수님의 구원 사건을 '지금, 여기서' 재현하고 현존시키기 위함입니다.

  십자가 사건은 예수님께서 제물로 바쳐지신 희생 제사입니다. 예수님께서는 이를 통해 우리 죄를 대속(구속救贖, 대가를 치러서 자유롭게 되는 것) 혹은 우리를 속량(혹은 속죄贖罪, 대가를 치르고 풀려나는 것)하셨습니다. 미사 역시 십자가 희생 제사처럼 예수 그리스도를 제물로 하느님께 바치는 제사입니다. 인간 구원을 위해 스스로 희생 제물이 되신 예수 그리스도를 기억하고, 기념함으로써 지금 여기서 그분의 현존을 체험하고 함께하는 것, 결국 그분과 하나되는 것이 미사이고 성체성사입니다.

### 예수님과의 일치가 구원의 길

  교회는 성체성사가 매우 중요하다고 가르칩니다. 코로나 팬데믹으로 미사에 가고 싶어도 갈 수 없는 상황에서, 교회는 차선책으로 방송 미사와 신령성체(神領聖體, 미사 참례할 수 없을 때 성체에 대한 신심을 가지고 마음으로 성체를 모시는 행위)를 권고했습니다. 그러나 방송으로 미사를 봉헌하고, 마음으로 성체를 모시는 것은 무의미한 일은 아니더라도, 일시적 대체 수단일 뿐 신앙생활 자체를 대체할 수 없습니다.

  다시 한번 분명히 해야 할 것은, 신앙은 내 힘으로 무엇인가를 이루려는 노력이 아니라는 점입니다. 오히려 내 안에 계신 하느님께서 일하시도록 자신을 내려놓고 고요히 그분 안에 머무는 것입니다. 결국 신앙생활이란, 내가 주도하는 삶이 아니라 그리스도께서 내 안에 살아 역사하신다는 사실을 점점 더 깊이 자각해 가는 여정입니다(갈라 2,20 참조).

따라서 예수 그리스도를 통해 하느님께 우리 죄를 용서받고, 하느님과 친교와 일치를 이루는 것이 신앙생활이며, 그중 핵심이 미사입니다. 가장 완전한 기도인 미사 없이, 성체성사 없이 올바른 신앙생활을 할 수 없습니다.

2003년 성 요한 바오로 2세 교황은 회칙 「교회는 성체성사로 산다」에서 "교회는 십자가의 영원한 희생 제사에서, 그리고 성찬례를 통하여 그리스도의 몸과 피에 결합됨으로써 자신의 사명을 수행할 영적인 힘을 얻습니다. 그러므로 성찬례는 모든 복음화의 원천이며 정점입니다."(22항)라고 합니다. 이렇게 성체성사는 그리스도의 수난과 죽음뿐 아니라 부활의 신비까지도 전해 줍니다. 예수님은 성체성사 안에 "생명의 빵"(요한 6,35), "살아 있는 빵"(요한 6,51)으로 우리 가운데 현존하십니다.

십자가 죽음과 부활은 서로 연결되어 있습니다. 그리스도의 죽음을 통해 주어진 구원의 은총과, 그 은총이 열어 준 부활의 가능성을 가장 깊이 있게 드러내는 것이 바로 미사이며, 성체성사입니다. 그리스도의 몸인 성체는 죽음을 넘어선 생명을 우리 안에 불어넣는 실재적 은총의 통로입니다. 그리스도의 몸을 통해 우리는 하느님과 일치할 수 있고, 구원에 이를 수 있습니다. 교회와 그리스도인은 성체성사로 살아갑니다.

"내 살은 참된 양식이고 내 피는 참된 음료다.
내 살을 먹고 내 피를 마시는 사람은
내 안에 머무르고, 나도 그 사람 안에 머무른다."

(요한 6,55-56)

# 02 최후의 만찬과
## 유다교 파스카 만찬의 관계

### 하느님의 어린양, 주님의 종

예수님을 부르는 명칭은 여러 가지가 있습니다. 그중 대표적 호칭 중 하나는 '하느님의 어린양'입니다. 요한 복음서 1장을 보면 세례자 요한이 예수님께서 지나가실 때 제자들 앞에서 그분을 이렇게 불렀습니다(요한 1,29 참조). 하느님의 어린양은 어떤 의미일까요?

구약 성경에서 어린양은 크게 세 부분에서 등장합니다. 첫째는 히브리 백성이 이집트를 탈출하기 전날 밤입니다. 이스라엘 사람들은 자신의 집 문설주에 어린양의 피를 발라 놓았고, 그 집은 하느님의 재앙을 피할 수 있었습니다. 어린양의 피는 하느님 백성을 위한 희생 제물을 의미합니다.

둘째는 바빌론 유배 이후에 등장합니다. 유배 이후 이스라엘은 제대로 된 하느님 백성이 되기 위해 세 가지 노력을 합니다. 먼저, 성전을 재건합니다. 성전은 하느님께서 현존하시는 곳이기에, 이스라엘 백성에게 중요한 곳이었습니다. 다음으로 성경을 정리하고 집필합니다. 이전에는 주로 구전으로 전달되거나 파편적으로만 남아 있던 성경을, 이때부터 본격적으로 기록하고 정리하기 시작합니다. 마지막으로 성전 정화 예식을 정비합니다. 1년에 한 번 '속죄의 날'(욤 키푸르)에 모든 하느님 백성이 성전 앞에서 죄 용서를 위한 예식을 했는데, 특히 대사제가 백성을 위해 기도하고, 죄의 용서를 위한 희생 제물을 바쳤습니다. 이때 제물로는 수송아지, 숫염소, 숫양 등을 바쳤는데, 이때도 백성의 죄를 대신해 어린양의 피를 바쳤습니다.

성주간에는 독서로 이사야서에 나오는 '주님의 종의 노래'를 봉독합니다. 첫째부터 넷째까지 네 편으로 이루어진 이 노래 가운데, 성금요일에 봉독되는 종의 네 번째 노래는 십자가에 달리신 예수님을 비유적으로 드러냅니다. 여기서 주님의 종은 "도살장에 끌려가는 어린양처럼"(이사 53, 7)이라고 표현되며, 이는 인간의 죄를 지고 대속代贖적 죽음을 맞이하는 하느님의 어린양, 곧 주님의 종이신 예수님을 떠올리게 합니다.

예수님을 '하느님의 어린양'이라고 할 때, 그 의미는 인간의 죄를 대신해서 죽음을 맞이하는 존재, 대속적 죽음을 선택한 존재를 의미합니다. 왜 예수님은 남을 위한 희생, 즉 대속적 죽음을 선택하셨을까요? 당연히 인간을 사랑하셨기 때문입니다. "친구들을 위하여 목숨을 내놓는 것보다 더 큰 사랑은 없다."(요한 15,13).

### 최후의 만찬과 파스카 만찬은 어떤 관계인가요?

파스카 축제는 이스라엘의 구원 사건을 기념합니다. 레위기 23장 5절에는 유다교의 첫 번째 달인 니산 달, 즉 춘분이 있는 달의 14일 저녁(음력 보름) 어스름에 파스카 만찬을 시작하라고 나옵니다. 참고로 주님 부활 대축일 날짜는 해마다 다른데, 325년 제1차 니케아 공의회에서 춘분이 지난 후 첫 번째 보름달이 뜬 후 맞이하는 첫 주일에 주님 부활 대축일을 지내기로 정했기 때문입니다.

그런데 동서방 교회의 주님 부활 대축일 날짜는 서로 다릅니다. 두 교회가 서로 다른 달력을 사용했기 때문입니다. 동방 교회는 기원전 1세기에 만들어진 율리우스력을 사용했습니다. 그러나 달을 중심으로 날짜를 계산하는 율리우스력은 시간이 지나면 오차가 발생했습니다. 이를 수정하기 위해 서방 교회는 1582년 그레고리오 13세 교황이 태양을 기준으로 날짜를 계산하는 그레고리우스력을 도입하였고, 이를 달력으로 사용하면서 주님 부활 대축일의 날짜가 동방 교회와 달라졌습니다.

그런데 공관 복음서와 요한 복음서에는 최후의 만찬이 거행된 날짜, 즉 그해의 파스카 축제일이 조금 다르게 기록되어 있습니다. 공관 복음서는 최후의 만찬을 유다인의 파스카 만찬과 동일시합니다. 즉, 유다인의 파스카 만찬 때, 예수님께서 제자들과 최후의 만찬을 거행하신 것으로 봅니다.

마르코 복음서 14장 12절에는 "무교절 첫날 곧 파스카 양을 잡는 날에"라는 표현이 있습니다. 양 잡는 날은 파스카 축제 전날, 오늘날로 치면 목요일 낮입니다. 파스카 축제는 이날 일몰 후 시작되기 때문에, 최후의 만찬은 파스카 만찬입니다.

그런데 요한 복음서는 최후 만찬을 파스카로 묘사하지 않습니다. 18장 28절에 "몸이 더러워져서 파스카 음식을 먹지 못할까 두려워" 유다 지도자들이 총독 관저에 들어가지 않았다는 기록이 있습니다. 파스카는 저녁부터 시작하고, 재판과 십자가 처형은 파스카 전날, 즉 파스카 준비 기간에 이루어졌습니다.

공관 복음서의 관점에서 그해 파스카 축제는 목요일 저녁부터 금요일 저녁까지 이어집니다. 그러나 요한 복음서의 관점에서는 금요일 저녁부터 토요일 저녁까지가 파스카 축제 시기입니다. 따라서 요한에 따르면, 최후 만찬은 파스카 식사가 아니며, 재판과 십자가 처형은 파스카 축제 전날인 금요일에 이루어집니다. 바로 그날은 파스카 축제를 준비하기 위해 어린양이 도살되는 날이었으므로, 요한은 예수님의 죽음을 파스카 양들의 희생과 연결합니다.

요한 복음서에 따르면 금요일 오후 3시 파스카 축제를 위해 어린 양들이 도살되는 시간에 예수님의 십자가 사건이 이뤄졌고, 예수님께서 파스카 당일인 토요일에 무덤에 묻히셨다가 일요일에 부활하신 것입니다. 이에 반해 공관 복음서는 예수님의 십자가 사건을 파스카 사건과 연결하기 위해 최후의 만찬을 파스카 만찬과 연관 짓습니다.

### 하느님의 어린양, 세상의 죄를 없애시는 주님

두 시점 중 무엇이 정확한지 알 수 없지만, 요한 복음서의 해석이 맞을 것으로 추정됩니다. 축제 당일에는 재판이나 처형이 불가능했기 때문입니다. 또한 빌라도의 심문 중에 '파스카 음식을 먹기 전'이라는 언급이 나오며, 죄수의 석방도 최소한 축제 하루 전에 이루어지는 것이 관례였다는 점을 고려할 때, 요한의 관점이 타당해 보입니다.

따라서 최후의 만찬은 유다교 파스카 만찬이 아닐 수 있습니다. 요한 복음서에서 최후의 만찬은 새 파스카 축제, 새 파스카 만찬을 의미합니다. '파스카'는 하느님께서 당신 백성 이스라엘을 구원하신 사건입니다. 어린양의 피를 이스라엘 사람의 집 문설주에 발라 하느님의 재앙이 '건너뛰게'(과월, pascha, passover) 하는 것이 구약의 파스카였습니다.

신약의 파스카는 하느님의 어린양이신 예수님의 피로 새 하느님 백성을 구원으로 이끄는 구원 사건입니다. 예수님은 많은 사람의 구원을 위해 당신 목숨을 바치시는 '대속'의 길을 가셨습니다. 많은 사람의 구원을 위한 자기희생입니다. 이러한 십자가 사건의 의미를 가장 잘 드러내고 있는 사건이 최후의 만찬입니다. "모두 이 잔을 마셔라. 이는 죄를 용서해 주려고 많은 사람을 위하여 흘리는 내 계약의 피다."(마태 26,27-28).

구약의 시나이 계약(탈출 24장 참조)이 예수님의 피를 통해 갱신되고 새로운 계약이 체결됩니다. 구약의 제사 양식처럼 이제 짐승의 피로 하느님과 인간이 연결되지 않고, 단 한 번 흘리신 예수님의 피로 우리는 그리스도를 통해 하느님과 계약을 맺어 구원을 보증받았습니다.

파스카 축제 전날 오후 3시, 양을 도살할 때 뼈가 부러지지 않게(탈출 12,46 참조) 양을 잡았듯, 십자가의 예수님도 뼈가 부러지지 않고 돌아가셨습니다. 파스카의 어린양처럼 예수님도 인간을 위한 하느님의 어린양이 되셨습니다. 미사 중 가장 중요한 때는 성체를 모시는 시간입니다. 성체를 모시기 직전, 사제는 이렇게 이야기합니다. "하느님의 어린양, 세상의 죄를 없애시는 분이시니, 이 성찬에 초대받은 이는 복되도다." 예수님은 참으로 세상의 죄를 없애시는 분이십니다. 우리가 사는 이 세상에, 죄가 없어지기를 바라시는 예수님의 마음을 기억해야 합니다. 세상에 죄가 줄어들고, 없어지길 바라며, 우리가 세상을 위해 보속하고, 대속해야 합니다.

# 03 예수님과 유다와 베드로

"스승님, 저는 아니겠지요?"

　수난 전날, 예수님께서 제자들의 발을 닦아 주시는 장면에서 두 제자가 눈에 띕니다. 첫 번째는 유다입니다. 남부 유다 지방 출신으로 시몬 이스카리옷의 아들인 그는 오늘날 배신자, 악인의 대명사입니다. 그런데 중요한 점은 그 역시 예수님께서 '직접 뽑아 세운' 열두 사도 중 한 명이었다는 점입니다. 유다 이스카리옷은 머리가 좋아 사도단의 회계 책임을 맡았습니다(요한 13,29 참조). 베타니아의 라자로의 집에서 마리아가 예수님의 발에 값비싼 향유를 부었을 때, "어찌하여 저 향유를 삼백 데나리온에 팔아 가난한 이들에게 나누어 주지 않는가?"(요한 12,5) 하고 투덜거린 인물도 유다였습니다.

　이후 뚜렷한 행보가 드러나지 않던 유다는 예수님께서 유다의 배신을 예고하시는 장면(요한 13,21-30 참조), 유다가 수석 사제들에게 예수님을 은돈 서른 닢에 넘기기로 결심하는 장면(참조: 마태 26, 14-16; 마르 14,10-11; 루카 22,3-6)에 등장하더니, 결국 그는 예수님을 팔아넘겼습니다.

예수님은 유다의 계획을 이미 다 알고 계셨던 것 같습니다. 최후의 만찬 때 예수님은 제자들에게 그들 중 한 사람이 당신을 팔아넘길 것이라 말씀하셨습니다. "예수님을 팔아넘길 유다가 "스승님, 저는 아니겠지요?" 하고 묻자, 예수님께서 그에게 "네가 그렇게 말하였다." 하고 대답"(마태 26,25)하셨습니다. 결국, 유다는 주님을 팔아넘겼고, 본인은 비참한 죽음을 맞이했습니다.

유다를 대하는 예수님의 마음은 어떠셨을까요? 비록 복음서에는 유다를 향한 저주의 말도 있지만(마태 26,24 참조), 예수님은 유다 역시 사랑하셨을 것이고, 그의 발도 닦아 주셨을 것이며, 그의 발을 닦으시면서 이 어리석은 제자의 미래에 마음 아파하셨을 것입니다.

예수님께서 제자들에게 '새 계명'을 주실 때는, 유다가 자리를 비웠을 때였습니다(요한 13,31 참조). 즉 유다는 새 계명을 듣지 못한 것입니다. 새 계명이 주어지는 거룩한 순간에 배반의 싹이 틉니다. 하느님의 신비가 가장 가득할 때, 가장 큰 죄가 자라나고 있었습니다. 어떻게 이런 일이 가능할까요? 가장 거룩한 미사 시간에 졸거나 다른 생각에 사로잡히는 사람, 혹은 마음속에 미움과 시기, 질투를 품는 사람은 없을까요? 거룩함이 가득한 자리에서도 시작될 수 있는 것이 죄의 본성입니다.

### 교회의 반석

또 다른 제자는 베드로입니다. 그는 열두 사도 중 으뜸 사도이고, 교회의 반석(케파, 베드로)이며, 첫 번째 교황입니다. 그런데 예수님의 공생활 중 드러나는 그의 행적은 훌륭하거나 뛰어나기보다는 어리석고, 세속적으로 보이는 부분이 더러 있습니다. '단순, 무식, 과격' 3박자를 갖췄다고 해도 과하지 않습니다(참조: 루카 22,33; 요한 18,10; 갈라 2,11-14). 그런데 예수님 부활을 체험한 후, 베드로는 완전히 다른 사람이 되었습니다. 예수님께서 베드로를 처음 만나셨을 때, 왜 그를 눈여겨보셨는지(요한 1,42 참조), 왜 베드로라는 반석 위에 교회를 세우시고, 하늘 나라의 열쇠를 맡기시어, 맺고 푸는 권한을 주셨는지(마태 16,18-19 참조) 알 수 있습니다.

사도행전을 보면 베드로는 예수님께서 승천하신 후, 예수님처럼 불구자를 치유하는 기적을 일으켰고(사도 3,1-10 참조), 예수님처럼 담대하게 복음을 선포했으며(3,11-26 참조), 오순절 설교로 3천 명이 세례를 받았고(2,41 참조), 솔로몬 주랑에서의 설교로 장정만도 5천 명이 세례를 받았습니다(4,4 참조). 베드로는 이 모든 일은 "나자렛 사람 예수 그리스도의 이름으로, 곧 여러분이 십자가에 못 박았지만 하느님께서 죽은 이들 가운데에서 다시 일으키신 바로 그분의 이름으로"(4,10) 이루어진 것이라고 선포했습니다.

'사도'(使徒, apostolos)라는 단어는 본래 '파견된 사람', 즉 보내신 분의 뜻을 행하는 사람입니다. 예수님께서 사도들을 파견하셨고, 사도들은 예수님께서 시키신 일을 행합니다. 베드로가 으뜸 사도가 된 이유는 첫째로는 예수님께서 선택하셨고, 둘째로는 예수님의 뜻을 가장 잘 따랐기 때문입니다. 전승에 의하면 베드로는 생애 후반에 로마에 교회를 세우고, 그곳에서 '베드로의 첫째 서간'을 저술했으며, 67년경 로마에서 십자가에 거꾸로 매달려 순교했다고 합니다. 그래서 교회는 로마의 주교가 베드로의 후계자로 그의 권위와 책임을 계승한다고 봅니다.

### 위대한 성인과 배신자의 차이

예수님께서 수난을 당하실 때 열두 사도 중 예수님을 배반한 제자는 누구일까요? 정답은 '모두'입니다! 예수님께서 겟세마니에서 기도하신 후 붙잡혀 가실 때, 재판을 받으실 때나 십자가에 못 박혀 돌아가실 때에도 제자들은 모두 도망갔습니다. 다만 요한은 십자가 곁에 있었다고도 전합니다(요한 19,26 참조).

그렇다면 제자들 중 가장 크게 배신한 제자는 누구일까요? 정답은 '베드로'입니다. 배신한 제자들 모두 나쁘지만, 가장 믿던 사람의 배신이 더 쓰리고 아픈 것이지요. 예수님께서는 베드로를 으뜸 제자로 뽑으셨고, 하늘 나라 열쇠를 맡기셨으며, 중요한 순간에 항상 곁에 두셨습니다. 심지어 최후의 만찬 때 베드로는 본인 입으로 결코 예수님을 부인하지 않을 거라 호언장담했지만, 막상 예수님께서 재판을 받으시자 닭이 세 번 울기 전에 예수님을 세 번이나 부인했습니다. 심지어 베드로는 거짓말이라면 천벌을 받겠다는 맹세까지 하면서 "나는 그 사람을 알지 못하오."(마태 26,74)라며 잡아뗐습니다. 베드로와 유다 두 사람은 모두 똑같이 배신을 저질렀는데, 한 사람은 위대한 성인이 되었고, 다른 한 사람은 천하의 악인이 되었습니다. 왜일까요?

'회개', '회심' 하면 가장 먼저 떠오르는 인물은 누구인가요? 저는 베드로가 떠오릅니다. 비록 두려움 때문이라고는 하지만, 베드로는 자기 스승을 맹세까지 하면서 모른다고 했습니다. 그러나 결국 자신이 지은 죄의 무게를 깨닫고, 대사제의 저택 밖으로 나가 새벽어둠 속에서 눈물을 흘렸습니다.

유다는 '후회'를 했고, 베드로는 '회개'를 했습니다. 후회와 회개는 다릅니다. 후회는 주저앉아 뒤만 돌아보고 있는 것이지만, 회개는 일어서서 앞으로 나아가는 것입니다. 회개는 하느님을 향하는 것, 하느님을 바라보는 것, 하느님과 함께하는 것입니다. 언제나 죄보다 큰 하느님의 자비에 대한 신뢰가 있어야 회개가 가능합니다. 회개할 수 없는 사람은 없습니다. 하느님의 자비를 믿는다면 누구나 회개할 수 있습니다. 자비는 포기하는 법을 모릅니다. 하느님께서 우리의 구원을 포기하지 않으시는데, 우리가 스스로 포기해서는 안 됩니다.

결국 회개한 베드로는 로마의 주교로 교회를 위해 봉사하고, 주님의 복음을 담대히 선포하다가 네로 황제에 의해 십자가에 거꾸로 매달려 순교의 화관을 썼습니다. 그러나 회개하지 않은 유다는 신약 성경에서 유일하게 자살한 인물이 되었고, 이후 단테의 『신곡』 '지옥 편'에 지옥의 맨 밑바닥, 은인을 배신한 자들의 영역이 그의 이름을 딴 '유데카'라고 불리게 됩니다.

"서로 격려하고 저마다 남이 성장할 수 있도록 도와주십시오."(1테살 5,11)

# 04 왜 예수님은 십자가에서 피 흘리며 돌아가셔야 했나요?

### 인류의 역사가 바뀐 하루

예수님께서 이 땅에 오신 이유, 구원 역사의 중요한 의미는 십자가 사건에서 절정에 이릅니다. 로마 시대에 십자가형은 정치범이나 중죄인에게 내려지는 가장 끔찍한 형벌 중 하나였습니다. 그래서 로마 시민권을 가진 사람에게는 금지된 형벌이었기에, 시민권이 있던 바오로 사도는 함께 순교한 다른 사도들이 십자가형을 받은 것과 달리, 참수형을 당했습니다.

그리스도인에게 십자가는 아주 특별한 의미를 지닙니다. "유다인들에게는 걸림돌이고 다른 민족에게는 어리석음"(1코린 1,23)인 십자가는 그리스도인에게 구원의 상징이고, 하느님 은총의 표지이며, "멸망할 자들에게는 십자가에 관한 말씀이 어리석은 것이지만, 구원을 받을 우리에게는 하느님의 힘입니다."(1코린 1,18).

예수님께서 인간의 구원을 위해 십자가에 못 박혀 돌아가신 날을 우리는 성금요일로 기념합니다. 유다인의 하루는 해가 진 다음 시작합니다. 즉, 최후의 만찬이 이루어진 목요일 저녁이 유다인들에게 금요일의 시작인 셈입니다. 성금요일이 시작될 때 세족례와 최후의 만찬을 하신 예수님은, 이후 겟세마니로 가셔서 밤새 기도하셨습니다. 깊은 밤, 예수님은 배신자 유다와 대사제가 보낸 군대에 체포되신 후, 대사제 카야파 앞에서 심문을 받으신 다음, 유다교의 최고 의결기구인 산헤드린에서 신성 모독 판결을 받으셨습니다.

하지만 당시 형 집행의 권한은 로마에 있었기에, 유다인들은 이른 아침 로마 총독 본시오 빌라도에게 예수님을 끌고 가 재판을 받게 했습니다. 유다교의 신성 모독은 로마법의 처벌 대상이 아니었지만, 대사제와 지도층은 폭동과 내란을 일으킬 것처럼 압박해 결국 예수님의 십자가형을 이끌어 냈습니다.

금요일 아침, 예수님은 로마 병사에게 심한 매질과 모욕을 당하셨고, 오전 9시 십자가를 지고 골고타 언덕으로 출발하신 뒤, 정오쯤 십자가에 매달리셨으며, 오후 3시경 십자가 위에서 돌아가셨습니다. 숨을 거두신 예수님을 해가 지기 전 무덤에 모셨고, 해가 지면서 금요일은 끝이 났습니다. 이 모든 것이 금요일 하루 동안 일어난 일입니다.

예수님의 수난과 죽음과 부활을 기념하는 성삼일, 즉 성금요일(목요일 저녁~금요일 오후)에 예수님의 십자가 죽음이 일어났고, 성토요일(금요일 저녁~토요일 오후)에 예수님은 저승에 머무셨으며, 부활 성야에 예수님의 부활이 일어납니다.

### 예수님께서 십자가에서 돌아가신 이유

예수님은 왜 십자가에서 못 박혀 돌아가셨을까요? 가장 중요한 이유는 우리 죄를 대신하여 당신 자신을 제물로 바치심으로써 인간을 하느님과 화해시키신 것입니다. 구약 시대에는 대사제가 백성 전체를 대표해 짐승의 피와 속죄 예식을 봉헌함으로써 하느님 백성의 죄를 용서받았습니다. 그런데 신약 시대에는 예수님의 십자가라는 새로운 성전을 통해 새로운 예배와 참된 속죄가 시작되었습니다.

예수님은 당신 피를 봉헌하시어, 단 한 번의 희생 제사로 모든 인간의 죄를 대속代贖하셨습니다. 예수님의 십자가 죽음은 화해(속죄)와 구원을 의미하고, 인간의 죄 때문에 어그러진 하느님과 인간의 관계를 다시 화해시키며, 영원한 삶의 길을 열어 줍니다. 십자가를 통해 인간의 정화, 하느님과 인간의 화해, 구원이 이루어졌습니다.

어떤 이들은 예수님의 십자가 죽음을 여러 인간적, 사회적 이유를 들어 설명하려 하지만, 숙고할 가치는 있을지언정, 대속적 의미보다 더 나은 해석이라 할 수는 없습니다.

예수님께서 십자가에 매달리신 또 다른 중요한 이유는 인간에게 올바른 삶의 길을 가르쳐 주시기 위함입니다. 인간은 자신의 죄 때문에 고통을 겪어야 했고, 죽음이라는 절망과 마주해야 했습니다. 예수님께서는 고통과 죽음을 이겨 내는 길을 직접 보여 주셨습니다. 자신에게 주어진 십자가를 지고, 하느님 말씀을 가슴에 품고, 당신을 따르라고 하십니다. 이 길은 힘들고 어렵지만 갈 수 있는 길이고, 가야 하는 길입니다. 이 길은 혼자 가는 길이 아니라 예수님과 함께, 예수님을 따라가는 길입니다.

"우리는 십자가에 못 박히신 그리스도를 선포합니다. … 부르심을 받은 이들에게 그리스도는 하느님의 힘이시며 하느님의 지혜이십니다."(1코린 1,23-24). 그리스도교는 십자가가 바로 구원의 장소이고 방법이며, 행복하게 살기 위한 길이라고 가르칩니다. 각자 자신의 십자가를 지고 예수님을 따라가는 것이 우리에게 주어진 일입니다.

나에게 십자가란 어떤 것일까요? 사람마다 다릅니다. 자신을 가장 힘들게 하는 것이 자신에게 주어진 십자가입니다. 누군가에게는 자식이, 누군가에게는 부모가 십자가일 수 있으며, 현실이나 미래, 능력이나 외모가 십자가일 수도 있습니다. 무겁고 피하고 싶은 십자가를 어떻게 해야 지고 살아갈 수 있을까요? 모든 답은 예수님께 있습니다. 예수님처럼 하느님께 기도하고, 하느님과 일치하며, 하느님 말씀대로 살아가는 것입니다.

### 자기 십자가를 지고 예수님 말씀대로 살아야

그리스 신화에는 많은 신들이 등장합니다. 그런데 그리스 신화 속의 허다한 신들은 인간과 달리 고통을 느끼지 못합니다. 오직 인간만이 고통을 느끼고, 결국 죽음에 이르게 됩니다. 고통은 누구도 피할 수 없는 본질적인 것이고, 고통을 느끼는 사람만이 다른 사람에 대한 '연민compassio'을 느낍니다. 연민은 '고통passio'을 '함께com' 나누는 것입니다.

그리스도교의 하느님은 인간과 함께 고통을 받아들이시고, 항상 인간과 함께하시는 분입니다. 하느님의 가장 큰 신비가 예수님의 십자가를 통해 주어졌습니다. 십자가는 그 자체로 고통이지만, 다른 한편 기쁨이 됩니다. 십자가의 결과는 죽음이지만, 죽음의 결과는 부활입니다. 평소 우리는 무언가 깨달음을 얻으면 기쁨을 느끼지만, 잠깐의 기쁨 후에 오는 삶은 여전히 힘듦을 경험하곤 합니다. 따라서 우리 그리스도인은 작은 깨달음이 아니라 십자가의 고통을 겪어야 비로소 삶이 바뀔 수 있습니다.

때로 십자가는 우리를 절망적인 상황으로 이끌곤 합니다. 살다 보면 삶에 더는 희망이 보이지 않을 때도 있습니다. 영어에 'nowhere'(더 이상 아무것도 없는)라는 단어가 있습니다. 예수님께서 십자가에 매달리셨을 때 사람들이 느낀 절망감이 아마 이랬을 것입니다. 어디서도 희망을 찾을 수 없는 상황, 하지만 예수님께서는 가장 깊은 절망에서 새로운 희망, 영원한 생명을 보여 주십니다. 예수님을 통해 이 단어는 'now지금+here여기'이 되었습니다. 예수님께서 겪으신 수난과 죽음과 부활은 신앙인들이 바라봐야 할 희망입니다. 그리스도인은 십자가 안에서 삶의 의미를 묵상하고, 발견하며, 구원 즉 영원한 생명을 준비합니다. "누구든지 내 뒤를 따르려면 자신을 버리고 제 십자가를 지고 나를 따라야 한다."(마르 8,34). 예수님께서는 언제나 당신 말씀에 책임을 지십니다. 예수님 말씀에 따라 살아 보시기 바랍니다. 분명 더 좋은 것을 주실 것입니다.

"나는 그리스도와 함께
십자가에 못 박혔습니다.
이제는 내가 사는 것이 아니라
그리스도께서 내 안에 사시는 것입니다."(갈라 2,19-20)

# 05 "이분이 네 어머니시다."(요한 19,27)

### 요한 사도의 특별함

전승에 의하면 요한 복음서의 저자는 요한 사도로, 그는 예수님께서 직접 뽑아 세우신 열두 사도 중 한 사람입니다. 갈릴래아 벳사이다 출신의 어부였던 그는 복음서에 야고보와 함께 제베대오의 두 아들로 등장합니다. 예수님께서 제자들을 부르실 때, 고기를 잡던 이들 중에 처음에는 베드로와 안드레아를, 이후 야고보와 요한을 부르셨습니다. 그런데 예수님께서 그들을 부르셨을 때, 앞의 두 사람은 '그물'을 버리고 따랐고, 뒤의 두 사람은 '배'를 버려두고 따랐다고 기록되어 있습니다(마태 4,18-22 참조). 요한의 집안은 나름 좀 사는 집안이었나 봅니다.

나중에 예수님께서 잡히시어 유다 지도자들에게 심문을 받으실 때에도, 요한은 "대사제와 아는 사이"(요한 18,15)여서 대사제 저택의

안뜰에 들어갔다는 표현이 있습니다. 특히 예수님의 중요한 사건, 이를테면 회당장 야이로의 딸을 살리실 때, 영광스럽게 변모하실 때, 겟세마니에서 기도하실 때에도 예수님께서는 베드로, 야고보와 함께 요한을 데리고 가셨습니다.

요한 복음서에서 요한은 자신을 "사랑하시던 제자"라고 지칭하며, 다른 제자들이 하지 못했던 것, 예를 들어 최후의 만찬 때 예수님 품에 기대어 있거나, 베드로의 요청으로 배신할 제자가 누구인지 예수님께 묻는 등의 역할을 수행했습니다. 무엇보다 요한은 예수님께서 십자가에 못 박혀 돌아가실 때 성모님과 함께 예수님의 임종을 지켰고, 예수님의 유언을 따라 성모님을 어머니로 모시고 살았습니다. 예수님께서 부활하셨다는 마리아 막달레나의 말을 듣고 베드로와 함께 무덤으로 가장 먼저 달려갔던 것도 요한이었고, 티베리아스 호숫가에 나타나신 예수님을 가장 먼저 알아본 것도 요한이었습니다. '사랑'은 하느님의 가장 깊은 본질이기에, 그분이 사랑하시던 제자, 그분을 사랑하는 제자는 하느님의 아들을 가장 잘 이해했던 듯합니다.

### 역사상 최초의 감실이신 마리아

요한 바오로 2세 교황의 성모 신심은 유명합니다. 그는 교황 즉위 후 교황 문장文章의 중심에 십자가와 함께 마리아를 뜻하는 'M'자를 새겼습니다. 본인 소명을 '온전히 당신 것'(Totus Tuus[토투스 투우스])이라 정한 것도 성모님께 자신을 봉헌하기 위해서였습니다. 재임 중 활발히 사목 활동을 하면서 많은 교회 문헌을 발표했던 그는, 2003년 성체성사에 관한 회칙「교회는 성체성사로 산다Ecclesia de Eucharistia vivit」를 발표했습니다. 성체성사와 교회의 관계를 설명하는 이 회칙의 제1장부터 제5장에서는 성체성사의 유래, 교회와의 관련성과 성체성사가 교회의 핵심임을 설명합니다. 마지막 제6장에서는 성체성사와 성모님의 관계를 다룹니다.

교회와 성체성사와 성모님 사이의 깊은 관계를 이 회칙은 설명합니다. 비록 성찬례가 제정된 성목요일 밤에 성모님에 관한 언급은 없지만, 예수님께서 승천하신 뒤 성령 강림을 기다리는 첫 공동체에서 기도하는 사도들과 성모님께서 함께하셨음은 당연하고, "빵을 떼어 나누고 기도하는 일에 전념"(사도 2,42)한 초대 그리스도인들의 성찬례에도 성모님은 분명 함께하셨습니다. 이 회칙에서도 성모님을 "성체성사의 여인"(53항)이라 칭합니다. 성모님께서 초대 교회의 성찬례는 물론, 성체성사의 첫 시작부터 함께하셨기 때문입니다.

또한 성모님은 순결한 당신의 태를 하느님 말씀의 강생을 위해 봉헌하심으로써 성스러운 예수님의 몸을 당신 안에 모셨습니다. 주님의 살과 피를 모시는 모든 신자 안에 일어나는 일을 성모님께서 당신 안에 먼저 받아들이셨습니다. 성모님은 사람이 되신 말씀을 잉태하셨기에, 이 문헌은 성모님을 그리스도께서 현존하신 "역사상 최초의 '감실'"(55항)이라고 합니다.

"이는 너희를 위하여 내어 주는 내 몸이다."(루카 22,19). 예수님께서 우리에게 주신 당신의 몸은 성모님께서 태중에 잉태하셨던 몸입니다. 성모님은 예수님의 몸을 잉태하셨고, 초기 교회 성찬례에 참석하셔서 다시 몸 안으로 성체를 받아 모셨습니다. 성모님께서 성체를 받아 모신 것은 당신의 심장과 하나였던 그 심장을, 다시 당신 태중에 받아들이고, 십자가 아래에서 겪으셨던 일을 다시 체험한다는 의미입니다(56항 참조).

가톨릭 교회는 성모님께 최상의 호칭과 최고의 존경을 바칩니다. 하느님의 어머니, 평생 동정, 원죄 없이 태어나시어, 하늘로 올림을 받으신 분! 하지만 성모님의 삶을 묵상해 보면, 삶이 그리 순탄치 않으셨습니다. 왜 성모님을 '고통의 어머니'라 부르는지 알 수 있습니다. 성모님의 생애는 고통과 슬픔이 가득했고, 그분이 겪으셔야 했던 고통은 예수님께로부터 온 것입니다.

예수님을 잉태하신 순간부터 예수님께서 살아 계시는 동안, 십자가에 못 박혀 처절하게 돌아가실 때까지 성모님의 삶은 하느님 말씀을 따르기 위한 신앙과 순종의 시간이었습니다. 성체성사의 신비는 성모님처럼 예수님과 함께 하느님께 감사와 찬미를 드리는 과정입니다.

### "이분이 네 어머니시다."

한 부모가 열 자녀를 기를 순 있지만, 열 자녀가 한 부모를 돌보기는 어렵다는 말이 있습니다. 요즘처럼 고령화가 심각해지는 상황에서 더욱 와닿는 말입니다. 예수님께서도 세상을 떠나시기 전, 어머니 걱정을 많이 하셨을 것입니다. 그래서 십자가 위에서 숨을 거두시기 직전, 사랑하는 제자에게 어머니를 부탁하십니다. "예수님께서는 당신의 어머니와 그 곁에 선 사랑하시는 제자를 보시고, 어머니에게 말씀하셨다. "여인이시여, 이 사람이 어머니의 아들입니다." 이어서 그 제자에게 "이분이 네 어머니시다." 하고 말씀하셨다. 그때부터 그 제자가 그분을 자기 집에 모셨다."(요한 19,26-27).

복음서를 보면 예수님의 친형제자매라 주장할 수 있는 사람들도 있고, 혹은 예수님과 이부異父 남매로 추정되는 이들도 있습니다. 그런데 예수님은 자기 형제나 친척이 아닌, 제자 요한에게 어머니를 맡기셨습니다. 정확한 이유는 알 수 없지만, 아마도 사랑하는 제자에게 어머니를 맡기는 것은 물론, 동시에 어머니에게 사랑하는 제자를 맡기신 의도도 있는 듯합니다.

요한 복음서 2장 카나의 혼인 잔치에서처럼, 성모님은 곤궁한 사람들의 처지를 그냥 지나치지 못하시고, 그들을 위해 예수님께 간청하십니다. 예수님께서 세상을 떠나시면서 당신의 제자들을 어머니에게 맡기신 것이 예수님의 마음이 아닐까 합니다. 예수님께서 십자가 위에서 제자에게 부탁하셨듯이, 모든 사람이 당신 어머니 마리아를 사랑하고 공경하기를 바라실 것입니다.

모든 그리스도인에게 성모님은 어머니이십니다. 동시에 성모님은 사람들이 자신보다 당신 아들 예수 그리스도를, 그리고 하느님 아버지를 더욱 믿고 사랑하기를 바라실 것입니다. 참된 성모 신심은 성모님에 대한 공경을 통해 성자께서 옳게 이해되시고, 사랑과 영광을 받으시도록 하는 것입니다(「교회 헌장」 66항 참조).

성모님은 십자가 밑에 머무셨습니다. 타인을 이해한다는 것은 그 사람 내면 안에 들어가서 그의 존재와 영혼을 훤히 들여다보는 것이 아닙니다. 그 사람 밖에서 그 사람을 알지 못하는 상황을 겸손하게 인정하는 상태에서 조금씩 그에게 다가가는 것입니다. 그 사람 밖에서 그 사람 곁으로 가는 것입니다. 영어의 '이해하다understand' 역시 누군가의 옆에, '밑under'에 '서 있는stand' 것입니다.

예수님을 가장 잘 아셨던 성모님은 늘 예수님과 함께하셨던 분입니다. 예수님의 말씀과 몸을 우리 안에 모시면 우리도 예수님을 잘 알 수 있고, 더 잘 사랑할 수 있습니다.

# 06 성토요일 신학 – "저승에 가시어 사흘날에"

**연옥 영혼을 위한 기도 & 연옥 영혼의 기도**

개신교와는 달리 가톨릭 교회는 한 인간이 죽으면 천국이나 연옥 혹은 지옥에 간다고 가르칩니다. 천국에 합당한 사람은 천국으로 가고, 지옥이 마땅한 사람은 지옥으로 가는데, 천국은 애매하고, 지옥은 갈 만하지 않은 대다수 사람은 일종의 중간 상태인 연옥으로 간다는 것입니다. 연옥은 '정화소'(淨化所, Purgatorium)입니다. 연옥의 불은 벌을 주는 지옥의 불과는 달리, 깨끗하고 따듯하게 해 주는 하느님 사랑의 불입니다. 하느님 사랑의 불로 정화되고 순수해져야 하느님 나라에 들어갈 수 있습니다.

'연옥에 있는 영혼은 스스로 기도하거나 천국에 갈 수 없고, 우리가 기도와 희생으로 도와야만 갈 수 있다.' 맞는 말일까요? 반은 맞고, 반은 맞지 않습니다. 연옥 영혼을 위해 기도하는 이유, 기도해야 하는 이유는 연옥 영혼이 스스로는 아무것도 할 수 없기 때문이 아닙니다. 연옥 영혼 역시 하느님과 관계를 맺고, 결합되어 있기에 자신을 위해 기도할 수 있고, 정화를 위해 노력할 수 있습니다.

하느님과 결합된 이들은 천상 교회(승리 교회) 혹은 지상 교회(순례 교회), 연옥 교회(정화 교회)의 세 교회에 속해 있습니다. 사도 신경에 나오는 '성인들의 통공communio sanctorum'이란, 세 교회에 속한 사람들의 기도와 공로가 서로 통한다는 뜻입니다. 세 교회에 온전히 속한 이들이 하느님 교회의 구성원이고, 이들의 기도는 '친교'하고 '통공通功'합니다.

그렇다면 연옥 영혼은 살아 있는 우리를 위해 기도할 수 있을까요? 이 주제는 신학자에 따라 견해의 차이가 있습니다. 연옥을 인정하지 않는 개신교에서는 논의 자체가 불가하고, 일부 가톨릭 신학자들은 연옥에 있는 영혼은 죽음 이후 육신이 사라져 더 이상 온전한 인격체가 아니기에 자신을 위해 기도하거나 살아 있는 우리를 위해 기도하는 것은 불가능하다고 주장합니다. 그러나 반대 주장도 많습니다.

기도하는 능력은 본래 육신에 속한 것이 아니라, 영혼에 속한 것입니다. 인간을 영혼과 육신으로 구분할 수 없지만, 육신보다 더 근본적이고 중요한 것이 영혼입니다. 인간에게서 영혼을 빼면 그저 흙의 먼지일 뿐입니다(창세 2,7 참조). 영혼은 육신을 인간으로 존재하게 하는 힘과 원리이고, 하느님과 관계를 맺게 해 주는 것입니다. 인간은 영과 육의 단일체이지만, 그 둘은 동일하지 않습니다.

연옥에 있는 모든 영혼이 우리를 위해 기도할 수 있는지는 모르겠지만, 천국에 거의 다다를 만큼 충분한 정화 과정을 거친 영혼은 지상의 우리보다 더 잘 기도할 수 있을 것입니다. 연옥 교회에 속해서도 함께 기도할 수 있습니다. 또한 지금 천국에 머무는 존재 역시 영과 육의 단일체가 아니라, 아직은 영혼이 구원된 존재입니다. 육신의 부활은 마지막 날, 예수님의 재림 때에 이루어진다고 사도 신경이 우리에게 알려 줍니다.

### "저승에 가시어 사흘날에 부활하시고"

파스카 성삼일 중 두 번째 날인 성토요일은 어떤 날인가요? 하루 쉬는 날? 부활 대축일을 준비하는 날? 성토요일은 성삼일 중 하루이자 가운데 날입니다. 가운데 날, 즉 예수님의 죽음과 부활을 연결해 주는 날, 성금요일의 연장이자 주님 부활 대축일의 시작입니다. 인간에 의한 구세주의 죽음에 이어, 하느님에 의한 구원이 시작되는 때입니다. 성삼일은 그리스도가 중심이 된 사건이기에, 성토요일의 진정한 의미 역시 예수 그리스도를 통해야 제대로 이해할 수 있습니다.

사도 신경 중 "저승에 가시어 사흘날에 부활하시고"라는 신앙 고백이 있습니다. 저승은 다른 말로 명부(冥府, 영혼의 세계를 뜻하는 불교 용어), 고성소古聖所, 사후 세계라 할 수 있습니다. 예수님은 십자가 죽음 이후 무덤에 묻히셨고, 이후 저승에 내려가셨습니다. 왜 예수님은 저승으로 내려가셔야 했나요?

구약에 따르면 인간의 죽음은 첫 인간의 원죄 이후 발생합니다. 그 죄의 결과는 바로 인간의 고통이고, 질병이며, 궁극적으로는 죽음입니다. 즉, 죄는 하느님과의 분리 내지 단절을 일으키고, 사랑과 구원의 부재를 의미합니다. '저승'(Scheol[서올])은 죽은 모든 이가 갇힌 곳이고, 하느님과 완전히 단절된 분리된 곳입니다. 오늘날 우리가 지옥이라 생각하는 개념과 비슷합니다.

예수님께서는 십자가 죽음 이후 저승에 가십니다. 하느님과의 완전한 단절을 체험하신 것입니다. 탄생과 죽음에 이어 그분은 인간의 모든 운명을 함께하고자 하십니다. 그분은 강생과 죽음을 통해 인간과 똑같은 삶을 사셨고, 이제 죽음을 받아들임으로써 인간의 삶과 죽음의 의미를 새롭게 변화시키십니다.

예수님께서 보여 주신 가장 중요한 삶의 자세는 '하느님과 함께함'입니다. 이제 예수님의 죽음으로 인간 죽음의 의미가 변화합니다. 구약 시기의 죽음이 완전한 단절과 분리였다면, 예수님을 통해 죽음은 새로운 기회의 장이 되었습니다. 하느님과 단절된 곳에 하느님의 아들이 직접 가심으로써 저승은 이제 하느님과 단절된 곳이 아니라 하느님과 함께하는 곳이 되었습니다.

### 그리스도를 통하여, 그리스도와 함께, 그리스도 안에서

십자가 사건으로 예수 그리스도는 완전한 죽음에 이르십니다. 그래서 그분의 인성은 죽음을 겪으셨고, 그분의 신성은 저승에 머무셨습니다. 하느님의 아들이자 하느님이신 그분이 저승에 가셨습니다. 십자가 사건은 하느님의 죽음, 부재, 혹은 구원 사건의 일시적 정지라 할 수 있습니다.

그런데, 하느님의 죽음이 가능한가요? 오늘날 하느님의 존재를 의심케 하는 인간의 행동들이 있습니다. 전쟁, 살인, 증오 등의 행위를 목격하면서 우리는 하느님의 부재 내지 무기력한 하느님을 묵상합니다. '무기력한 하느님', 하느님의 가장 깊은 신비이자 본질입니다. 하느님은 무기력하십니다. 인간 때문에, 인간을 사랑하셔서 그렇습니다. 인간이 죄를 지을 때마다 인간을 벌주시고, 인간이 죄짓기 전에 미리 벌을 주신다면, 이 세상에 살아남을 사람이 몇이나 될까요?

"하느님은 사랑이십니다."(1요한 4,16). 항상 더 많이 사랑하는 사람이 더 참고, 더 손해를 감수합니다. 하느님은 사랑이시기에 하느님은 때로 무기력하게 보이십니다. 하지만 언젠가는 하느님의 정의를 드러내실 것입니다.

성토요일에 교회는 시간 전례 외에는 어떠한 전례도 거행하지 않습니다. 전례의 중심인 예수 그리스도의 부재를 상징합니다. 성토요일은 침묵과 부재, 희망과 기다림, 죽음과 부활을 함께 묵상하는 시간이자, 그리스도를 통해 절망에서 희망을 찾는 시간입니다. 사도 신경에서 그리스도께서 저승에 가심과 사흘날에 죽은 이들 가운데서 부활하셨음을 같은 맥락에서 고백합니다. 그리스도께서는 당신의 파스카 안에서, 바로 죽음에서 생명이 솟아나게 하셨기 때문입니다. 부활을 위해 죽음이 필요함을 알려 주는 시간이 바로 성토요일입니다.

　부활, 즉 생명은 하느님의 숨, 영입니다. '숨을 불어 넣으셨다.'(창세 2,7 참조), "숨을 거두셨다."(루카 23,46). 모두 하느님의 힘, 활동입니다. 죽음, 즉 죄와 고통을 이겨 내는 힘 역시 삼위일체 하느님이십니다. 그리스도를 통하여, 그리스도와 함께, 그리스도 안에서 인간의 죽음과 부활은 의미를 찾습니다.

**이것만은 꼭!**

## "고해성사를 하면 정말 죄가 사라지나요?"

### 고백을 통한 화해

 신자가 많지 않던 시절, 사제가 신자들의 신앙생활에 있어 공과 과를 판단하기 위해 교리, 신앙, 고해성사 등을 점검하는 것이 '판공判功성사'였습니다. 오늘날에는 주님 부활 대축일과 주님 성탄 대축일을 앞두고 모든 신자가 고해성사를 보는 것을 판공성사라고 합니다. 교회법상 모든 신자는 1년에 적어도 한 번 이상 고해성사를 보고 성체를 영해야 합니다. 간혹 신자들이 모인 상황에서 개별적으로 죄를 고백하지 않고 간단한 참회 예식 후 모든 이의 죄를 용서해 주는 '일괄 사죄'가 있기는 하지만 이는 전쟁 등 급박한 상황에서만 가능하고, 코로나 팬데믹 같은 특별 상황에서는 함부로 적용될 수 없으며, 반드시 주교의 승인이 필요합니다.

 작은 죄(소죄)는 고해성사 대신 평소의 기도나 선행, 미사 시작 때의 참회 예식 등으로 해소할 수 있습니다. 큰 죄(대죄)는 고해성사를 통해 해소할 수 있습니다. 고해告解성사란 세례 이후 지은 죄를 고백하고, 용서받는 성사입니다. 그래서 회개의 성사, 화해의 성사라고 합니다. 이전에는 '고백'성사라고 했는데, 이는 죄 고백의 중요성을 강조하기 위함이었습니다. 지금은 참회와 화해의 의미를 강조하기에 '고해'성사라고 부릅니다.

사제에게 죄를 고백하는 이유는 성경에 근거를 둡니다. 부활하신 예수님께서 제자들에게 말씀하셨습니다. "성령을 받아라. 너희가 누구의 죄든지 용서해 주면 그가 용서를 받을 것이고, 그대로 두면 그대로 남아 있을 것이다."(요한 20,22-23). 예수님은 죄를 용서하는 당신의 권한을 제자들에게 위임하셨고, 사도들에게 위임된 권한은 사도들의 후계자인 주교들과 그의 협력자인 사제들에게 계승되었습니다. 그래서 가톨릭 신자들은 죄를 지으면 사제에게 죄를 고백하고, 용서를 받습니다. 죄의 용서는 하느님께서 하시는 것이고, 사제는 하느님과 교회가 시키는 대로 할 뿐입니다.

예수님께서는 "저희에게 잘못한 이를 저희가 용서하듯이 저희 죄를 용서하소서."라고 기도하도록 가르쳐 주셨습니다. 죄의 용서를 강조하신 이유는 죄가 하느님과 인간 사이, 인간과 인간 사이를 멀어지게 하고, 병들게 하기 때문입니다. 구원은 '하느님과 함께하는 것'인데, '죄'란 인간을 구원으로 이끌고자 하시는 하느님의 뜻을 거역한 채 하느님을 외면하고 하느님 말씀을 따르지 않는 것입니다.

죄의 반대말은 '회개'입니다. 회개悔改란 마음을 하느님께 향하는 것, 하느님을 바라보는 것입니다. 죄에 빠졌을 때 인간은 하느님을 등지고 멀어지기에, 은총을 주셔도 알아보지 못하고, 제대로 받지 못합니다. 그런 이유로 우리는 죄를 씻고, 회개해야 합니다. 고해성사를 통해!

## 고해성사의 순서와 효과

죄를 지으면 고해성사를 하게 되는데, 고해성사는 '성찰-통회-결심-고백-보속'의 다섯 단계를 거칩니다.

첫 번째인 성찰은 내가 지은 죄를 반성하고 살피는 것입니다. 많은 분이 이 부분을 가장 어려워하십니다. 그래서 '나는 지은 죄가 없습니다.' 내지 '도대체 어떤 죄를 고백해야 하나요?'라고 고민하고 질문하십니다. 죄는 하느님과 사람에게 해를 끼치고, 관계가 틀어진 것입니다. 우선 하느님께 지은 죄를 살피시기 바랍니다. 참고하기 좋은 기준은 구약의 십계명입니다. 여기에 어긋나는 삶을 살지는 않았는지 성찰하시기 바랍니다.

하느님께서는 우리가 기쁘고 행복하게 살도록 창조해 주셨고, 보살펴 주십니다. 이에 감사하는 마음으로 잘 살고 있는지 성찰해야 합니다. 그리고 나서 주변 사람들에게 생각과 말과 행위로 지은 죄가 있는지 성찰해 보십시오. 특히 반복하는 죄를 잘 살피시기 바랍니다.

두 번째는 성찰한 죄에 대해 뉘우치고 슬퍼하는 통회입니다. 하느님께 죄송한 마음을 갖는 단계입니다. 세 번째는 결심(정개), 다시는 죄를 짓지 않겠다고 굳게 다짐하는 단계입니다. 죄의 유혹을 물리치고, 앞으로 죄를 멀리하겠다는 굳은 다짐을 하는 것입니다. 네 번째는 고백입니다. 앞의 세 단계를 거친 후, 고해소에 가서 사제 앞에 무릎을 꿇고 자신의 죄를 숨김없이 고백하는 단계입니다. 진심으로 통회하고, 솔직하게 고백한 모든 죄는 용서받을 수 있습니다.

한편 죄를 숨기거나 각색해서 고백하면, 그 상황은 '모고해冒告解', 즉 고해성사를 모독한 것이고, 이 또한 죄가 됩니다. 죄를 고백할 때는 큰 죄부터 작은 죄로, 사실대로 고백해야 합니다. 본인이 왜 죄를 지을 수밖에 없었는가에 대한 긴 설명은 필요 없습니다. 죄를 고백하면 사제는 짧은 훈시에 이어 '사죄경', 곧 죄를 용서해 주는 기도를 바칩니다. 고해소에서 나가기 전에 이 기도도 꼭 받아야 합니다.

마지막으로 보속입니다. 통회와 고백으로 죄는 용서받았지만, 죄에 대한 벌은 받아야 합니다. 이를 보속이라고 합니다. 보속은 대개 기도, 성경 봉독, 선행 실천 등으로 주어지지만, 경우에 따라 다르기도 합니다. 행여 본인이 하기에 보속이 과도하다고 느껴서 실천하기 어렵다면 그 즉시, 또는 다음 고해성사 때 사제에게 말해 다시 보속을 받으면 됩니다. 혹시 너무 긴장해서 보속을 잊어버렸다면, 이전 고해성사 때 비슷한 죄 고백을 통해 받았던 보속을 행하거나, 사제를 찾아가 말하고 보속을 다시 받으면 됩니다.

### 고해성사의 목적은 죄 사함, 하느님과 일치

초대 교회는 신자가 죄를 지으면 공동체에서 쫓아내기도 했습니다(1코린 5,2-13 참조). 그러나 죄인이 속죄하면 하느님께 용서를 받고 공동체에 다시 참여할 수 있었으며, 사도들 또한 교회 공동체가 죄인의 속죄를 위해 함께 용서를 간구할 것을 권유했습니다(야고 5,16 참조). 회개하는 사람은 교회가 정한 엄격한 보속을 실천했고, 교회는 그를 위해 함께 기도하며, 함께 용서를 구했습니다.

그런데 보속이 너무 엄격해 지키지 못하는 신자들도 많았습니다. 보속을 잊거나 미처 하지 못한 경우, 그 영혼들은 연옥에서 '잠벌'(暫罰, 잠시적인 벌, 남은 벌)을 마저 갚아야 합니다. 고해성사로 죄는 용서받을 수 있지만, 죄의 결과로 생긴 벌 중에 미처 기워 갚지 못한 벌(잠벌)은 남겨져, 합당한 대가를 치르거나 기워 갚아야 합니다. 잠벌은 '보속補贖'으로 사면될 수 있는데, 현세에서 보속을 다하지 못하면 연옥에서 해야 한다고 교회는 가르칩니다.

벌을 기워 갚지 못해 남는 경우, 이 벌을 감면해 주는 것이 '대사大赦'입니다. 대사는 '전全대사'와 '한限대사'로 나뉩니다. 전대사는 죄인이 받을 벌 전부를 없애 주는 것이고, 한대사는 일부만 없애 주는 것입니다. 그리스도교에서는 '성인들의 통공', 즉 천국 교회와 지상 교회, 연옥 교회에 속한 이들은 친교를 나눌 수 있고, 서로를 위한 기도로 잠벌을 감해 줄 수 있다고 가르칩니다.

고해성사를 하고, 보속을 치러야 하는 이유는 한 가지입니다. "행복하여라, 마음이 깨끗한 사람들! 그들은 하느님을 볼 것이다."(마태 5,8). 죄는 하느님으로부터 멀어지게 하는 것이고, 죄가 없으면 하느님을 뵙게 될 것입니다. 하느님을 뵙는다는 것은 '지복직관至福直觀', 지극히 복된 상태, 구원의 상태입니다(1코린 13,12 참조).

죄가 없어야 마음이 깨끗해지고, 마음이 깨끗해진 사람은 하느님을 알아볼 수 있는 은총이 가득한 사람이 됩니다. 죄를 짓지 않는 것이 가장 좋지만, 어쩔 수 없이 죄를 지었다면 기도와 선행, 고해성사로 죄를 없애고 보속을 실천함으로써 다시 깨끗한 몸과 마음을 가져야 합니다.

"행복하여라, 마음이 깨끗한 사람들!
그들은 하느님을 볼 것이다."(마태 5,8)

"나는 세상의 빛이다.
나를 따르는 이는
어둠 속을 걷지 않고
생명의 빛을 얻을 것이다."

(요한 8,12)

제 5 장

# 예수님의 부활

# 01 부활의 증거 – 빈 무덤과 제자들의 증언

**부활하신 주님을 만난 사람들**

그리스도교에는 이해하기 어려운 신비나 계시, 신학 등이 많습니다. 그중 '부활'은 가장 어려운 주제 중 하나입니다. 부활이 어떻게 이루어졌는지 누구도 정확하게 알지 못하기 때문입니다.

부활의 증거는 크게 두 가지입니다. 첫째는 제자들의 '증언'입니다. 부활의 첫 증인인 마리아 막달레나를 비롯해 사도들, 엠마오로 가던 두 제자(루카 24,13-35 참조), 티베리아스 호숫가의 제자들(요한 21,1-14 참조) 등 예수님의 부활을 증언해 줄 증인들은 많이 있습니다. 그리스도인들을 박해하러 가던 중 다마스쿠스에서 부활하신 그리스도를 깊게 체험했던 바오로 사도(사도 9,1-19 참조) 역시 중요한 증인입니다.

부활의 두 번째 증거는 '빈 무덤'입니다. 무덤이 비어 있었다는 사실만으로 부활의 충분한 증거가 된다고는 볼 수 없지만, 예수님께서 부활하셨다면 무덤은 비어 있었어야 하는 것도 사실입니다. 그러한 이유로, 빈 무덤은 부활의 전제 조건이라 할 수 있습니다.

　부활 사건과 관련해 신앙인들에게 가장 중요한 것은 부활은 머리로 이해하는 것이 아니라, 마음으로 믿고 받아들여야 한다는 것입니다. 예수님께서는 살아생전에 당신이 죽었다가 사흘 만에 다시 살아날 것이라고 여러 번 제자들에게 말씀하셨습니다. 하지만 누구도 예수님께서 십자가에서 비참하게 돌아가신 후, 그분이 부활하실 거라는 기대나 예측을 하지 않았습니다. 예수님께서 돌아가신 후, 제자들은 모두 절망에 빠졌습니다.

　그런데 예수님이 돌아가신 후 "주간 첫날 이른 아침, 아직도 어두울 때에"(요한 20,1) 마리아 막달레나가 예수님의 무덤을 찾아갔습니다. 예수님의 시신이 사라진 것을 확인한 그는, 제자들에게 가서 이 사실을 알렸습니다. 제자들이 빈 무덤을 확인하고 돌아간 후에도, 그는 계속 무덤 밖에 서서 울고 있었습니다.

　그런 그에게 예수님께서 나타나셨습니다. 그는 예수님을 알아보지 못했지요. 아마도 부활하신 예수님의 육신은 그전과는 다른 얼굴과 몸, 다른 음성이나 모습인 것 같습니다. 그는 예수님과 잠깐 동안 대화도 나누었지만, 예수님을 알아보지 못했습니다. 그러다 어느 순간, 즉 예수님께서 평소처럼 그를 "마리아야!" 하고 부르셨을 때 그는 예수님을 알아봤습니다.

　마리아는 왜 어두운 새벽에 예수님 무덤에 갔을까요? 빈 무덤을 보고 제자들이 떠났는데도 그는 왜 남아 울고 있었으며, "마리아야!" 하고 부르시는 예수님을 어떻게 알아볼 수 있었을까요? 모든 질문에 대한 답은 '사랑'입니다. 마리아는 예수님께 사랑을 많이 받았었기에, 예수님 죽음 이후에도 그분 곁에 머물렀습니다. 마리아 역시 예수님을 많이 사랑했기에, 그분의 외모와 음성이 달라졌음에도 평소 자신을 부르시던 모습을 기억하고 부활하신 분을 알아볼 수 있었습니다.

부활은 하느님 사랑의 힘이고, 사랑은 부활을 알아보는 힘입니다. 사랑하는 사람은 부활의 의미를 깨달을 수 있습니다. 모든 것이 사라진 듯 보여도 사랑하는 사람은 믿을 수 있고, 희망할 수 있습니다. 믿음, 희망, 사랑은 항상 함께하는데, 그중에 제일이 사랑이라 하는 이유는 사랑은 보이지 않는 것도 볼 수 있게 해 주기 때문이 아닐까요? 가장 깊은 신비도 하느님께 대한 사랑이 있다면 믿고 희망할 수 있습니다. "이 모든 것 위에 사랑을 입으십시오. 사랑은 완전하게 묶어 주는 끈입니다."(콜로 3,14).

### 부활은 실제 일어난 초역사적 사건

예수님은 진짜 부활하셨을까요? 부활의 과정을 아는 사람은 없습니다. 직접 목격한 사람도 없고, 예수님 외에 부활해서 나타난 사람도 없습니다. 다만, 성경에 부활하신 분을 만난 목격자들의 증언이 있고, 예수님의 부활 이후 이전과는 전혀 다른 삶을 살았던 사도들과 제자들이 있습니다.

부활의 과정은 알 수 없지만, 이유는 알 수 있습니다. 바로 인간의 구원입니다. 하느님께서 인간 구원을 계획하셨고, 예수님을 통해 길과 방법을 보여 주셨습니다. 하느님과 함께하셨던 예수님에게 죽음은 끝이 아니었고, 결국 그분은 부활하셨습니다. "그리스도께서 되살아나지 않으셨다면, 우리의 복음 선포도 헛되고 여러분의 믿음도 헛됩니다."(1코린 15,14).

역사적 사건은 시공간 안에서 실제 일어난 사건, 우리가 눈으로 확인할 수 있는 사건을 말합니다. 그렇다면 예수님의 부활은 역사적 사건일까요? 한편으로는 그렇습니다. 부활은 실제 일어난 사건이기 때문입니다. 다른 한편으로는 역사적 사건이 아닙니다. 실제 눈으로 확인할 수 있는 사건이 아니기 때문입니다. 부활은 역사의 시간과 공간을 초월한 사건입니다.

부활 사건은 인간의 이성과 상상을 초월한 사건이기에 인간의 머리로 이해할 수 없습니다. 부활 사건의 핵심은 '인간의 구원을 미리 보여 준 계시 사건'이라는 점입니다. 성모님의 승천이나 예수님의 부활 사건은 믿는 이들의 미래를 보여 주는 사건들입니다.

하느님의 능력은 무한하십니다. 하느님께는 불가능이 없습니다. 하느님은 예수님을 통해 인간을 구원하고자 하셨고, 부활 사건은 예수님께서 바로 모든 시대, 온 인류의 보편적이며 유일한 구세주이심을 보여 주는 계시 사건입니다.

### 주님과 함께하는 것이 구원

우리는 예수님의 부활을 통해 그리스도교 신앙을 알게 되었고, 재림하실 예수님을 기다리고 있습니다. '사도 신경'은 모든 신앙인이 믿어야 할 내용, 즉 삼위일체 하느님에 대한 가장 중요한 계시이자 신앙입니다. 사도 신경은 성부의 세상 창조, 성자 예수님의 강생, 십자가 사건, 부활, 재림, 그리고 성령에 대해 고백합니다. "그리로부터 산 이와 죽은 이를 심판하러 오시리라 믿나이다!"라는 사도 신경의 고백처럼, 예수님의 재림은 믿는 모든 사람을 구원하시기 위한 것입니다. 그때 세상 종말과 최후의 심판이 이루어지며, 믿는 이들에게 구원이 완성됩니다. "그때 하느님께서는 당신의 아들 예수 그리스도를 통하여 역사 전체에 대한 당신의 결정적인 말씀을 선포하실 것이다."(『가톨릭 교회 교리서』 1040항).

'재림'(再臨, Parousia)이란 주님ousia과 함께par하는 것입니다. 예수님의 재림은 언제 이루어질까요? 정답은 '아무도 알 수 없다!'입니다. "그 날과 그 시간은 아무도 모른다. 하늘의 천사들도 아들도 모르고 오로지 아버지만 아신다."(마태 24,36). 가끔 이단이나 사이비들이 재림을 특정 날짜로 규정하거나, 자기 교회에 나와야 구원을 받는다고 주장합니다. 참으로 가소로운 주장입니다.

재림과 관련하여 인간이 마음대로 해석하는 것은 위험합니다. 재림의 때는 인간이 알 수 없고, 관여할 수도 없습니다. 단지 재림의 목적에 대해 이야기할 수는 있습니다. 재림하시는 이유는 의인과 악인을 구분해 의인을 구원하고 악인을 심판하시려는 것입니다(참조: 요한 14,2-3; 2코린 5,10). 예수님의 재림으로 구원이 완성됩니다.

의인은 구원을 받고, 죄인은 심판을 받는 것은 당연합니다. 그런데 대다수인 애매한 죄인들은 어떻게 될까요? "당신께서 제 영혼을 저승에 버려두지 않으시고 당신의 거룩한 이에게 죽음의 나라를 아니 보게 하실 것이기 때문입니다."(사도 2,27). 다윗의 기도를 인용한 이 구절은 예수님을 믿는 이들이 가질 수 있는 희망을 말합니다. 의인들은 물론, 죄인들도 예수님을 믿으면 구원을 희망할 수 있습니다. 죄인들은 교회를 통해 예수님과 함께할 수 있습니다. 예수님의 말씀을 귀와 마음으로 잘 듣고, 예수님의 몸을 우리 안에 잘 모시면 가능합니다.

"신앙의 신비여! 주님께서 오실 때까지 주님의 죽음을 전하며 부활을 선포하나이다." 믿음으로, 예수님의 말씀과 몸을 통해 우리는 죽은 다음에도, 재림 때에도 하느님과 함께할 수 있습니다.

"하느님께서는 예수님을 통하여
죽은 이들을 그분과 함께 데려가실 것입니다."(1테살 4,14)

## 02 부활의 첫 증인 – 마리아 막달레나

### 믿음은 주님의 말씀을 듣고, 주님을 보는 것

"그들의 소리가 하느님께 올라갔다."(탈출 2,23). 고통의 소리, 기도의 소리가 하느님께 전해집니다. 성경은 하느님께서 이스라엘의 신음 소리를 들으신 후 모세를 보내셨다고 증언합니다. 왜 하느님께서 먼저 그들의 처지를 보시고, 그들이 울부짖기 전에 미리 도와주지 않으시고, 부르짖음을 듣고 나서야 도와주셨을까요? 우리의 어렵고 힘든 상황을 하느님은 잘 모르실까요? 하느님 뜻을 모두 헤아리는 것은 불가능하지만, 언제나 기억해야 하는 것은 하느님은 인간을 사랑하시고, 우리 각자를 사랑하신다는 사실입니다.

평소에는 하느님의 사랑을 느끼기 어려울 수 있습니다. 하지만 눈을 감고 조용히 앉아 있으면 알 수 있습니다. "돌아보면 발자국마다 은총"이었다는 사실을. 코로나 바이러스로 인해 온 세상이 고통을 겪은 뒤에야 깨달은 것은, 좋은 일이 생겨서 누리는 행운보다 큰 탈 없는 일상이 더 큰 행복이라는 점입니다. 어렵게 발견한 네잎클로버가 행운이라면, 곁에 있는 흔한 세잎클로버는 행복입니다. 하느님께서 우리와 함께하셨기에 아무 일 없는 일상이 가능했고, 힘든 상황을 이겨 낼 힘도 얻을 수 있었습니다.

신앙에서 '듣는 것'은 중요합니다. "믿음은 들음에서 오고 들음은 그리스도의 말씀으로 이루어집니다."(로마 10,17). 하느님 말씀을 듣는 것은 중요한 신앙 행위입니다. 구약의 이스라엘 백성은 말씀 듣는 것을 무엇보다 중요하게 여겼기에, 신명기 6장 4절의 "쉐마 이스라엘"(이스라엘아, 들어라!)을 자주 암송하며 머리와 가슴에 새겼습니다.

"이스라엘아, 들어라!"라는 말씀은 우리가 믿는 하느님만이 진정한 하느님이시니 몸과 마음을 다해 사랑하라는 것이고, 이 말씀을 마음에 새겨, 언제 어디서나 기억하라는 것입니다. 이는 하느님 백성이 자기 정체성을 확인하는 신앙 행위이고, 듣는 행위의 중요성은 그리스도교에 깊은 영향을 줬습니다.

신앙이란 듣는 것이면서 동시에 보는 것입니다. 성경은 듣는 것과 보는 것을 하나로 결합합니다. 하느님의 말씀을 듣는 것은 결국 그분의 얼굴을 뵙고자 하는 갈망으로 이어집니다. 특히 요한 복음서는 신앙이 듣는 것이며 동시에 보는 것임을 잘 보여 줍니다. 예수님께서 하신 일을 보고 예수님을 믿게 된 유다인들처럼(요한 11,45 참조), 예수님의 행적을 보는 것은 믿음에 선행합니다.

"네가 믿으면 하느님의 영광을 보리라."(요한 11,40). 믿는 것과 보는 것은 밀접하게 연관됩니다. 첫 제자들이 예수님을 만난 후, "우리는 메시아를 만났소."(요한 1,41)라고 고백했고, 부활하신 예수님을 만난 마리아 막달레나 역시 제자들에게 "제가 주님을 뵈었습니다."(요한 20,18)라고 결정적 신앙 고백을 합니다.

### 마리아 막달레나는 어떤 사람인가?

막달라 마리아, 혹은 마리아 막달레나는 4복음서 모두에서 부활의 첫 증인으로 소개됩니다. 그는 예수님의 빈 무덤을 처음 목격한 사람이자, 이를 제자들에게 알린 인물입니다. 그런데 이 마리아가 누구인지에 대해서는 의견이 분분합니다. 그가 일곱 마귀 들렸던 여인(마르 16,9 참조)이라는 의견도 있고, 간음한 여인이나 창녀라 보기도 합니다. 중세 시대 그레고리오 1세 교황이 그를 요한 복음서 8장에 나오는 간음한 여인으로 강론한 이후, 그 주장이 정설로 굳어졌지만, 학계에서는 그 이야기를 후대에 첨가된 부분으로 보고 있어 논의가 더 필요합니다. 이외에도 예수님 발에 향유를 붓고 머리카락으로 닦아 드린 여인이라 보기도 하고, 라자로의 누이이자 마르타의 동생 마리아라고 보는 견해도 있지만, 어느 주장도 100% 확실한 근거는 없습니다.

오늘날 일부 여성 신학자나 문학가 중에 마리아 막달레나를 새롭게 조명하려는 시도를 하는 이도 있습니다. 저명한 독일 작가 루이제

린저는 자신의 소설 『미리암』에서 마리아 막달레나가 원래는 부유한 집안의 딸이었고, 예수님의 제자였지만, 당시 남성 중심 사회에서 여성의 존재나 역할이 부정당했기에 그에 대해 축소되거나 왜곡된 내용이 많다는 새로운 해석을 제안했습니다.

요한 복음서에 예수님의 내면, 심리 등이 자세히 묘사되어 있다는 이유로 마리아 막달레나가 요한 복음서의 저자라고 주장하는 사람도 있습니다. 심지어 외경인 「마리아 복음서」에는 그가 예수님 제자단의 중심으로 나오고, 베드로 사도와 갈등하는 장면도 등장합니다.

이와 비슷한 내용이 몇몇 외경에 기술되어 있고, 여성 신학에 영향을 준 부분도 있습니다. 하지만 마리아 막달레나가 초기 교회에서 중요한 역할을 했다는 근거는 희박합니다. 특히 신약 성경 복음서의 일부 외에 초기 교회의 다른 중요 문헌에서 그에 대한 언급이 등장하지 않기 때문입니다.

### 부활의 첫 증인이 중요한 이유

마리아 막달레나가 중요한 이유는 그가 '부활의 첫 증인'이기 때문입니다. 그런데 왜 하필이면 그가 부활 사건의 첫 증인이 되었을까요? 복음서에 따르면, 예수님이 돌아가신 이튿날, 즉 안식일 다음날 새벽인 일요일 새벽에 마리아는 혼자(요한 20,1 참조), 혹은 다른 한 여인과 함께(마태 28,1 참조), 혹은 다른 두 여인과 함께(참조: 마르 16,1; 루카 24,1) 무덤으로 갔습니다. 마리아는 예수님 십자가 주변에도 함께 있었습니다(참조: 마태 27,56; 마르 15,40; 요한 19,25). 마리아는 예수님의 사랑을 깊게 체험했고, 예수님을 깊이 사랑했기에 돌아가실 때 함께했고, 돌아가신 후에도 함께하고자 했습니다.

요한 복음서는 마리아 막달레나가 최초이자 단독으로 예수님의 부활을 목격한 장면을 구체적이고 생생하게 묘사합니다.

이른 새벽, 예수님을 모신 무덤에 갔던 마리아 막달레나는 빈 무덤을 보고서는 곧바로 베드로와 요한에게 그 사실을 알렸습니다. 베드로와 요한은 빈 무덤을 보고 다시 돌아갔지만(요한 20, 1-10 참조), 무덤 밖에 서서 울고 있던 마리아는 두 천사를 만나 대화를 나눴습니다. 그리고 나서 곧 부활하신 예수님을 만났지만, 그는 처음에 예수님을 알아보지 못했습니다. 그러나 어느 순간 예수님을 알아본 그는 예수님과 짧게 대화를 나눈 후, 제자들에게 가서 예수님의 부활을 증언했습니다(요한 20,11-18 참조).

왜 마리아 막달레나가 부활의 첫 증인이 되었고, 그는 어떻게 부활하신 예수님을 알아보았을까요? 부활은 인간의 구원을 위한 하느님의 계획과 의지의 실현입니다. 즉, 인간에 대한 하느님 사랑의 결정이 부활입니다. 부활은 하느님의 사랑이고, 사랑은 부활의 핵심이자 알아보는 방법입니다.

마리아 막달레나는 예수님을 사랑했던 사람, 예수님께 사랑받았던 사람이었습니다. 그래서 십자가 곁에 머물렀고, 예수님께서 돌아가신 이튿날 새벽 눈물을 흘리며 무덤으로 향했습니다. 사랑받은 체험, 사랑했던 체험이 그를 움직였습니다. 그가 부활하신 예수님을 알아본 순간은 예수님께서 "마리아야!" 하고 부르셨을 때였습니다. 이는 예수님께서 평소 그를 부르시던 호칭이자, 사랑받았던 체험을 떠오르게 한 호칭이었습니다.

부활의 의미를 이해하고 알아보는 능력은 사랑입니다. 사랑은 부활의 핵심이고, 십자가 죽음의 이유이기도 합니다. "하느님은 사랑이십니다."(1요한 4,16). 오직 사랑하는 사람만이 하느님을 알 수 있고, 하느님께 구원받을 수 있습니다.

"그리스도께서 되살아나지 않으셨다면,
우리의 복음 선포도 헛되고 여러분의 믿음도 헛됩니다."

(1코린 15,14)

# 03 부활과 제자들 – '그리스도를 따름 Imitatio Christi'

### 구원을 위한 하느님 나라 선포

그리스도교 핵심은 하느님의 말씀이신 '예수 그리스도'입니다. 예수님의 말씀과 행적을 '복음福音'이라 하고, 그 복음을 기록한 책들이 복음서입니다. 예수님 복음의 핵심 메시지, 곧 케리그마는 '하느님 나라와 영원한 생명(구원)'입니다. "하느님의 나라가 가까이 왔다. 회개하고 복음을 믿어라."(마르 1,15). 이것이 공생활을 시작하신 예수님의 첫 메시지입니다.

예수님께서 말씀하신 하느님 나라는, 하느님이 통치하시고 중심에 계신 나라, 모든 것이 하느님 뜻대로 이루어지는 나라, 완전한 구원이 실현된 나라입니다. 예수님께서 이 땅에 오신 이유이자 복음 선포의 핵심은 '아버지의 나라가 오시며, 아버지의 뜻이 하늘에서와 같이 땅에서도 이루어지는' 나라의 실현이며, 이를 통해 인간이 구원되는 것입니다.

예수님께서는 공생활 전체를 통해 하느님 나라를 선포하셨습니다. 그분의 삶, 곧 모든 말씀과 행적은 하느님 나라와 연결되어 있습니다. 예를 들어, 치유와 구마, 기적, 가난한 이들의 친구가 되어 그들과 함께 밥을 드신 일 등은 하느님 나라를 선포하기 위한 그분의 말씀과 행적입니다.

예수님께서는 하느님 나라가 '곧' 올 것이라고 말씀하셨습니다(마르 9,1 참조). 하지만 그분이 돌아가신 이후 지금까지도 아직 재림은 이루어지지 않았습니다. 그렇다면 예수님의 이 말씀을 어떻게 이해해야 할까요?

### 제자들을 부르신 이유

구약의 이스라엘 백성은 하느님의 선택을 받고 그분과 계약을 맺은 백성이었지만, 그 계약에 충실하지 못했기에 계약의 실현과 완성이 요구되었습니다. 따라서 새로운 이스라엘, 곧 새로운 하느님 백성이 필요했고, 예수님께서는 제자들을 불러 모아 교회를 세우셨습니다. 그분이 교회를 의도하셨으며, 직접 교회를 설립하셨다는 근거는 다음과 같습니다.

첫째, 예수님은 많은 제자 중 열두 명을 불러 '사도'로 세우셨습니다(참조: 마태 10,1-4; 마르 3,13-19; 루카 6,12-16). '12'라는 숫자는 특별한 의미를 지닙니다. 구약의 4성조聖祖인 아브라함, 이사악, 야곱, 요셉 중 야곱은 열두 명의 아들을 두었고, 그 열두 명을 기반으로 이스라엘의 열두 지파가 성립되었습니다. 예수님께서 열두 명을 선택해 사도로 삼으신 이유는 열두 지파로 표상되는 새로운 이스라엘, 새 하느님 백성을 일으켜 세우시려는 의미였습니다. 예수님께서 선포하신 하느님 나라와 교회는 이유와 목적이 동일합니다.

둘째, 예수님은 직접 교회 설립을 약속하셨습니다. 열두 사도 중 으뜸인 베드로에게 교회 설립을 약속하셨고, 교회를 맡기셨습니다(참조: 마태 16,15-19; 루카 22,31-32).

셋째, 제자들의 '파견missio'입니다. 성부는 성자를 파견하셨고, 성부와 성자는 성령을 파견하셨으며, 성자는 제자들을 파견하셨습니다. '파견'이란 파견하신 분의 뜻과 임무를 수행하는 것입니다.

예수님께서는 이스라엘 위에 교회를 세우셨습니다. 하느님 백성을 재건하시기 위해서입니다. 구약의 백성과 비교할 때, 신약의 백성에게 있어 가장 결정적이고 중요한 근거는 예수 그리스도이십니다. 계약의 주체이신 하느님이시며, 동시에 하느님의 아들이신 예수 그리스도께서 이 땅에 직접 설립하신 것이 바로 교회입니다. 예수님께서 직접 세우신 교회는 그리스도의 성사로서, 먼저 구원의 대상이 되고, 이어서 세상을 구원하는 도구가 됩니다.

### 사제, 하느님과 그분 백성을 위해 일하는 사람

사제는 '영원하신 대사제'이신 예수 그리스도를 대신해 하느님께 제사를 드릴 수 있도록 뽑힌 사람, 즉 주교와 신부를 가리킵니다. 하느님의 부르심을 받고, 하느님과 교회를 위해 봉사하고자 하는 사람을 축성하는 성품성사는 주교품, 사제품, 부제품의 세 품계로 구분됩니다.

봉사를 위해 마련된 직책인 부제(副祭, 부사제)는 주교와 신부를 도와 강론, 세례식과 장례식 주례, 성체 분배, 봉성체, 준성사 등을 거행할 수 있습니다. 부제는 종신 부제와 사제직의 전 단계로서 부제직이 있는데, 한국 교회에는 아직 종신 부제 제도가 없습니다.

주교의 협력자로 하느님의 말씀을 선포하고 가르치는 신부는 7성사 중 세례, 성체, 고해, 병자, 혼인성사를 집전할 수 있습니다. 신학교 입학 자격 등의 조건은 해당 교구의 주교가 정하는데, 교구 사제 지망자는 소속 본당 주임 신부와 소속 교구장의 추천서가 필요합니다. 수도회 사제 지망자는 소속 수도회 장상의 추천서가 필요합니다. 사제 지망자는 예비 신학생 등의 준비 기간을 거친 후 신학 대학에서 정해진 교육 과정을 수행합니다.

성직자는 예수님께서 사도들에게 맡겨 주신 임무와 권한을 위해 생겨났습니다. 예수님께서 최후 만찬 중 성체성사를 제정하셨고, 사도들에게 "너희는 나를 기억하여 이를 행하여라."(루카 22,19) 하고 명하셨기에, 사도들은 이 말씀에 근거해 성체성사를 집전할 수 있는 사제의 역할을 했습니다. 사도들은 안수와 기도로 후계자들에게 사제와 목자의 임무를 위임했습니다(참조: 사도 13,1-3; 14,23; 1티모 4,14; 5,22).

예수님께서 제정해 주신 사제와 목자의 직무는 성품성사를 통해 지금까지 이어져 내려옵니다.

### 사도들의 후계자인 주교

성품성사의 최고 단계는 사도들의 후계자라 할 수 있는 주교품입니다. 성사는 하느님의 은총 자체이며, 은총을 받는 방법입니다. 특히 7성사는 예수님의 현존을 '지금, 여기에' 드러내는 가장 분명하고 중요한 성사입니다. 하느님의 성사이신 예수님을 드러내 보이고, 구원 은총을 이 땅에 전달하는 것이 교회의 임무이자 역할입니다.

오직 주교만이 '그리스도를 대신하여 in persona Christi' 7성사를 모두 집전할 수 있어, 주교품을 "충만한 성품성사"(「교회 헌장」 21항)라고 부릅니다. 주교는 교구의 사목과 성사를 책임지기에, 교회에는 반드시 주교가 있어야 하고, 신부들은 주교의 사목에 협조하고 협력해야 합니다.

사제란 누구이며 무엇을 하는 사람일까요? 다양한 답변과 해석이 있겠지만, 제 마음에 드는 정의는 한 가지입니다. "사제는 하느님의 영광과 그분 백성을 위해 봉사하는 사람이다." 사제는 하느님 때문에 존재하는 사람이기에, 하느님 없이는 아무것도 아닙니다. 사제는 하느님 때문에 자신의 모든 것을 바쳐 하느님 백성을 위해 봉사하는 사람입니다. "착한 목자는 양들을 위하여 자기 목숨을 내놓는다."(요한 10,11).

하느님께서는 당신 백성을 위해 누군가를 부르시어 사제로 이끄시고, 부르심을 받은 사제는 교회와 세상 사람들의 구원을 위해 헌신하며 봉사합니다. 사제는 "어떻게 해서든지 몇 사람이라도 구원하려고, 모든 이에게 모든 것이"(1코린 9,22) 되는 사람입니다.

만일 누군가 "왜 신부가 되어야 합니까?" 하고 묻는다면, 사람은 한 번밖에 살지 못하기 때문이라고 답하고 싶습니다. 삶의 본질에 대해 가장 깊이 고민해 본다면, 그에 대한 답은 하느님밖에 없기 때문입니다.

> "네가 참으로 복되려면,
> 내가 너의 가장 높고, 마지막인 목적이
> 되어야 한다."(『준주성범』중에서)

# 04　사도행전 – 교회의 시작과 바오로

### 교회의 시작과 발전

 '신약新約 성경'은 '새로운 계약의 책'으로, 히브리인들의 경전인 구약 성경과 구분하기 위한 표현입니다. 구약 성경은 대부분 히브리어로 기록되었고, 일부는 아람어로 쓰였습니다. 예수님 당시에는 히브리어를 그리스어로 번역한 '칠십인역' 성경을 널리 사용했습니다. '칠십인역' 성경은 신약 성경에도 주로 인용되었습니다.

 신약 성경은 그리스어로 작성되었습니다. 오늘날 교회가 정경正經으로 인정하는 27권은 4세기 말 교회 회의를 통해 확정되었습니다. 물론 그 이전에도 대부분 정경으로 인정되던 책들이었습니다. 정경의 기준은 사도들의 가르침과 일치하는가 하는 것이었습니다.

 신약 성경은 '그리스도교의 경전'입니다. 즉 예수님의 말씀과 행적, 즉 '복음'과 이를 전달하고 가르친 사도들의 신앙을 정리한 것입니다. 신약 성경은 복음서 4권, 역사서인 사도행전, 그리고 서간 21권과 묵시록 1권으로 구성됩니다. 이 중 사도행전은 루카 복음서의 속편과 같은 것으로(사도 1,1 참조), 대략 기원후 80-90년경 기록된 것으로 추정됩니다. 저자는 바오로 사도와 함께 다녔던 의사 루카로 여겨집니다. 루카 복음서와 사도행전의 분량이 신약 성경 전체의 27%에 해당한다고 하니, 단일 저자로 신약 성경의 가장 많은 부분을 저술했다고 볼 수 있습니다.

사도행전은 총 28개의 장으로 구성되어 있습니다. 1장은 서문과 인사말 이후에 예수님의 승천, 기도하는 사도들의 모습, 마티아를 사도로 뽑는 이야기로 시작합니다. 전반부인 2장부터 12장까지는 사도들 중 주로 베드로의 활약이 두드러지게 나오고, 예루살렘 초기 교회를 배경으로 성령 강림, 그리스도인 박해, 안티오키아 교회 설립 등이 묘사됩니다. 후반부인 13장부터 28장까지는 바오로 사도의 활약을 중심으로 전개되며, 안티오키아 교회에서 로마 교회에 이르는 이방인 선교가 주된 내용입니다.

### 바오로, 부활하신 그리스도를 통한 극적 회심

예수님의 죽음과 부활을 경험한 초기 교회 공동체는 예수가 그리스도이심을 알리기 위해 증언martyr과 선교를 했고, 이에 반대하던 유다인들과 충돌하게 됩니다. 초기 교회 일곱 봉사자 중 하나로 추정되는 스테파노는 은총과 능력이 충만하였고, 큰 이적과 표징을 일으켰습니다(사도 6,8 참조). 천사의 얼굴을 하였던 스테파노는 최고 의회 연설로 유다인들과 논쟁을 벌였고, 결국 신성 모독으로 고발당한 후 성 밖으로 끌려 나가 죽임을 당하며 기도합니다. "주님, 이 죄를 저 사람들에게 돌리지 마십시오."(사도 7,60). 이후 예루살렘 교회에는 큰 박해가 시작되었고, 많은 제자가 유다와 사마리아 지방으로 흩어지게 됩니다.

그리스도교 첫 순교자의 죽음에 사울이라는 젊은이가 찬동하였고, 그는 교회를 없애려고 집마다 들어가 남자든 여자든 끌어다가 감옥에 넘겼습니다(사도 8,1-3 참조). 사울은 어린 시절 유명한 랍비 가말리엘 문하에서 엄격한 유다교 교육을 받았고(사도 22,3 참조), 벤야민 지파 출신으로 율법을 중시하며, 종교적으로 충실한 골수 바리사이였습니다(필리 3,5 참조). 예수님께서 그리스도라는 믿음이나 당시 그리스도인들의 삶과 가르침은 그에게 가당치 않은 주장이었고, 그래서 그는 박해의 선봉에 나섰던 것입니다.

박해자 사울은 더 큰 박해를 위해 떠나던 중 다마스쿠스에서 부활하신 그리스도를 만나 극적인 회심을 합니다. "주님, 주님은 누구십니까?"(사도 9,5). 그는 사흘 동안 보지 못했고, 먹지도 마시지도 않으면서 주님을 체험하게 됩니다. 극적인 체험 후 사울은 사도들과 예루살렘을 드나들며 주님을 선포합니다. 이후 1차 선교 여행 때부터 사울은 바오로라는 이름으로 불립니다(사도 13,9 참조). 바오로 사도라는 이름은 후대에 그리스도교 최초의 신학자, 이방인들의 사도, 열정적인 선교자, 불굴의 증거자로 기억됩니다.

신약 성경의 많은 저술은 바오로가 직접 또는 간접 저자라고 알려 주고 있고, 더욱이 사도행전은 9장 바오로 회심 이야기부터 마지막 28장에 이르기까지 바오로를 주인공으로 합니다. 이렇다 보니 신약 성경 절반이 바오로와 관련되어 있다는 점에서 바오로는 신약 성경뿐 아니라 초기 그리스도교를 이해하는 데 매우 중요한 인물이라 할 수 있습니다. 바오로의 편지는 그리스도교 초기부터 많은 그리스도인에게 권위를 지닌 글로 읽혀 왔습니다.

본래 유다인 박해자이자 바리사이파였는데, 회심을 통해 그리스도교 신자로, 더 나아가 예수님을 증언하다가 목숨을 바친 순교자로 바오로의 삶에는 큰 변화가 있었습니다. 바리사이로서 정통 유다교에 충실했으며, 자신과 다른 생각을 가진 그리스도인들을 박해까지 한 바오로가, 유다교 신념에 그토록 깊이 빠져 있던 인물이 어떻게 그렇게 다른 삶을 살아갈 수 있었을까요? 이방인을 멸시하는 유다인 전통을 철저하게 지키던 바리사이가 어떻게 이방 민족에게 구원을 선포하는 사명을 수행할 수 있었을까요?

바오로는 이 모든 것이 부활하신 그리스도를 통해 알게 된 하느님의 선택과 은총의 결과라고 말합니다. 바오로 사도가 바라보는 세상에서는 언제나 그리스도가 중심입니다. "나에게는 그리스도가 생의 전부입니다."(필립 1,21, 공동번역 성경).

### 제 뜻이 아니라 아버지의 뜻대로 Non mea, sed Tua!

열정적인 주님의 사도인 바오로를 비롯해 우리가 성인으로 기리는 분들에게는 분명한 공통점이 있습니다. 하느님을 향한 인간의 믿음보다 인간을 향한 하느님의 사랑이 훨씬 더 크다는 것을 직접 체험하였고, 그대로 믿었다는 점입니다. 하느님을 향한 인간의 생각과 마음은 결코 인간에 대한 하느님의 마음을 넘어설 수 없습니다. 따라서 하느님의 뜻이 언제나 먼저 이루어져야 합니다. 그래서 예수님은 기도하실 때 우리에게 '아버지의 뜻이 하늘에서와 같이 땅에서도 이루어지도록' 기도하라고 가르쳐 주셨습니다. 돌아가시기 전날 밤 겟세마니에서도 "그러나 제 뜻이 아니라 아버지의 뜻이(non mea, sed Tua) 이루어지게 하십시오."(루카 22,42) 하고 기도하셨습니다.

가톨릭 교회의 성인들이 위대한 이유는 그들에게만 어떤 특별한 능력과 재주가 있었기 때문이 아닙니다. 그들은 언제나 "먼저 하느님의 나라와 그분의 의로움을"(마태 6,33) 추구한 사람들입니다. 그랬기 때문에 12명의 사도들, 그리고 바오로 사도는 예수님처럼 살고자 노력했습니다. 복음을 전하는 사람의 삶이란 만일 어딘가 한 사람이 있으면 그 사람 때문에 그곳에 가고, 한 사람도 없으면 한 사람을 만들기 위해 그곳에 가는 사람으로 사는 것입니다. 이 모든 것이 가능한 이유는 그들의 마음이 진정 가난했고, 그래서 하느님만을 믿고 따를 수 있었기 때문입니다.

"나는 확신합니다.
죽음도, 삶도, 천사도, 권세도, 현재의 것도,
미래의 것도, 권능도, 저 높은 곳도, 저 깊은 곳도
그 밖의 어떠한 피조물도
우리 주 그리스도 예수님에게서 드러난
하느님의 사랑에서
우리를 떼어 놓을 수 없습니다."(로마 8,38-39)

# 05  그리스도교의 시작 – 예수가 그리스도이시다!

### 하느님이시며 인간이신 예수 그리스도

　그리스도교의 신앙과 신학의 출발점, 핵심, 결론에 대해 분명하게 말씀드리고자 합니다. 요한 복음서의 마지막에는 '복음서를 쓴 목적'이라는 제목으로 이렇게 기록하고 있습니다. "이것들을 기록한 목적은 예수님께서 메시아시며 하느님의 아드님이심을 여러분이 믿고, 또 그렇게 믿어서 그분의 이름으로 생명을 얻게 하려는 것이다."(요한 20,31). 예수님께서 하느님의 아들이시고 그리스도시라는 믿음과 고백이 요한 복음서의 결론이자, 신약 성경의 중요 주제이며, 결국 그리스도교 전체의 핵심입니다.

　'신학'(神學, Theo-logia)이란 '하느님Theos'에 대해 논리적으로 설명하는 학문Logos입니다. 하느님은 인간과 세상을 초월해 존재하시기에, 인간은 자신의 노력이나 능력만으로는 하느님이 어떤 분이신지 스스로 깨닫거나 발견할 수 없습니다. 오직 하느님께서 하느님에 대해 알려 주시는 '계시'(啓示, Revelatio)를 통해서만 그분을 알 수 있습니다. 계시의 대표적 형태는 '성경'과 '성전聖傳'입니다.

그렇다면, 하느님이 누구신지 인간은 어떻게 설명할 수 있을까요? 초기 교회 공동체는 예수님께서 하느님의 아들 그리스도이심을 직접 체험한 후 신앙으로 받아들였습니다. 요한 복음사가는 '하느님의 말씀(로고스)이 사람이 되신 분'(요한 1,14 참조)이 예수님이시라고 고백합니다. 예수님께서는 창조 이전부터 하느님과 함께 계셨던 말씀이시고, 한처음 하느님께서 말씀을 통해 세상을 창조하실 때부터 함께하셨기에, "모든 것이 그분을 통하여 생겨났고 그분 없이 생겨난 것은 하나도 없다."(요한 1,3)라고 합니다.

'예수님은 하느님 말씀, 로고스이시며, 하느님의 외아들이자 유일한 구세주이시다.'라는 신앙 고백이 요한 복음서 전체를 관통합니다. 하느님께서는 예수님을 통해 당신에 대해 분명하고 확실하게 알려 주셨고, 예수님은 하느님의 계시 중 가장 완전하고 충만한 계시입니다. 예수님을 아는 사람은 하느님을 아는 사람입니다(요한 14,7 참조).

그리스도교에서 신학은 로고스이신 예수님을 통해 하느님을 알고 깨닫는 학문입니다. 또한 신앙의 목적이 하느님을 직접 마주 뵙는 '지복직관'(참조: 1코린 13,12; 1요한 3,2)이라면, 신앙의 중심인물 역시 예수님이십니다. '로고스'를 서로 나누는 것이 '대화Dia-logos' 혹은 '친교'이고, 하느님과 인간 사이의 친교, 인간과 인간 사이 친교의 중심이 예수님이십니다. 따라서 예수님께서는 신학과 신앙의 출발점이시자 핵심, 결론이시라고 이해하고 고백하는 것이 그리스도교입니다.

그리스도교는 언제나 예수 그리스도가 중심이고, 인간의 은총과 행복과 구원은 '그리스도를 통하여, 그리스도와 함께, 그리스도 안에서' 가능합니다. 그리스도교의 본질은 우리와 함께 사셨던 예수님께 하느님과 인간에 대한 모든 답이 있다는 것을 깨닫고, 이를 신앙으로 고백하는 것입니다. 참된 신앙을 가진 그리스도인들은 결국 예수님으로 인해 참된 행복을 누릴 것입니다.

### 초기 교회의 성장과 갈등

오늘날 교회의 어려움과 문제점을 이야기할 때, 간혹 초기 교회 공동체와 비교하면서 당시 그리스도 안에서 하나 되고, 성령으로 충만했던 교회를 상상합니다. 초기 교회는 살아 있는 공동체였지만, 그 당시도 문제는 많았습니다. 유다교 출신 그리스도인들과 이방인 출신 그리스도인들 사이의 갈등이 대표적이었습니다.

신앙을 갖게 된 이방인들이 유다교 율법을 준수하기 위해 할례를 받아야 하는가에 대한 문제를 놓고, 안티오키아 공동체에서 격론이 벌어졌습니다(사도 15장 참조). 구원이 이스라엘 백성에게만 약속되었기에 이방인들도 할례를 받아야 한다고 주장하며 율법을 강조하는 유다교 출신 그리스도인들과 이방인 출신 그리스도인들 사이에서 벌어진 갈등은 교회를 분열시킬 수도 있는 상황이었습니다.

바오로와 바르나바는 예루살렘으로 가서 이 상황과 하느님께서 이방인들에게 하신 놀라운 일들에 대해 사도들에게 보고했습니다. 그런데 바리사이파에 속했던 이들이 나서서 "그들에게 할례를 베풀고 또 모세의 율법을 지키라고 명령해야 합니다."(사도 15,5)라고 주장하자 사도들은 이 문제를 해결하기 위해 49년경 그리스도교의 첫 공식 회의인 '예루살렘 사도 회의'를 개최했습니다. 회의의 중심 주제는 이방인들이 예수님을 믿고, 세례를 받는 것만으로 구원을 받을 수 있는가, 아니면 할례가 기본인 유다인들의 율법과 관습을 따라야 하는가에 대한 문제였습니다. 결국 사도들은 이 회의에서 성령께서 하시는 놀라운 활동과 이방인들에게도 구원의 길을 열어 놓으셨다는 구약의 예언자의 말씀을 인용하면서, 이방인 출신 그리스도인들이 지켜야 할 규정을 제정하고, 율법의 규정을 새롭게 해석해 받아들이기로 했습니다. 이는 구원이 우리의 행업이 아니라 주 예수 그리스도의 은총에 의한 것임을 초기 교회가 공식적으로 선포한 것입니다.

### 무한하고 유한한 존재인 인간

'아모르 파티Amor Pati'는 삶을 파티처럼 즐기라는 말이 아닙니다. '자신의 운명을 사랑할 것!', '자신의 운명을 받아들일 것!'이라는 말입니다. 고대 그리스 격언인 이 말은, 근대 독일 철학자 니체를 통해 유명해졌습니다. 좋고 나쁜 것을 포함해 자신의 삶에서 발생하는 모든 것은 필연적인 것이기에, 그 운명을 긍정적으로 받아들이고 사랑하라는 뜻입니다.

우리말 '체념'도 비슷한 의미입니다. 체념의 사전적 의미는 '희망을 버리다.'와 동시에 '도리를 깨우치다.'라는 의미가 있습니다. 이 말을 후자의 뜻으로 쓰면 단념함으로써 더 큰 것을 깨우친다는 의미가 있습니다. 인간은 자신의 운명을 체념함으로써, 즉 인간의 능력과 한계를 더욱 분명히 깨우침으로써 더 큰 것을 얻을 수 있습니다. 이런 의미에서 체념은 평화와 행복에 이르는 가장 빠른 길입니다.

인간은 한편으로는 무한하고 긍정적인 존재이지만, 다른 한편으로는 유한하고 제한된 존재입니다. 따라서 인간은 스스로 완성에 이를 수 없고, 절대자의 도움을 통해서만 구원에 이를 수 있습니다. 자기 존재를 정확히 알아야 인간은 인간일 수 있습니다. 파스칼의 말처럼 인간은 자신의 존재를 알게 되면 비참해지지만, 자신의 존재를 모르고 살면 비천해집니다. 인간은 어떤 존재인가요?

그리스도교의 모든 답은 예수님께 달려 있습니다. 예수 그리스도는 하느님이시자 인간이시기에 하느님에 대한 답이자 인간에 대한 답입니다. 하느님이 누구신지, 인간은 어떤 존재인지에 대해서 우리는 예수님께서 보여 주신 말씀과 행적으로 정확히 알 수 있습니다.

인간은 하느님을 필요로 하고, 하느님 은총으로 일치할 때 완성에 이릅니다. 기도하고, 하느님 말씀대로 살면서, 이웃과 사이좋게 지내고, 감사하며 사는 것, 이것이 예수님께서 우리에게 보여 주신 올바른 삶의 모습입니다.

"나는 세상의 빛이다.
나를 따르는 이는
어둠 속을 걷지 않고
생명의 빛을 얻을 것이다." (요한 8,12)

# 06 삼위일체 교리의 형성

### 삼위일체 신비는 그리스도교만의 특별함

신학에는 글이나 말로 설명하기 어려운 내용이 많습니다. 하느님 자체, 예수님의 육화와 여러 기적, 부활 사건 등 명쾌히 설명하기 어려운 것이 많지요. 그중 제일은 '삼위일체 신비'입니다. 약 10년간 신학교에서 '신삼위일체론'이라는 과목을 가르치면서도, 늘 참 어렵다고 느낍니다. 삼위일체 신비를 설명할 수 있다고 자신하는 사람은 있었지만, 실제 명쾌하게 설명한 사람은 역사상 단 한 명도 없었습니다. 본인이 뭘 모르는지 모르는 사람만 쉽게 설명할 수 있다고 자신할 뿐입니다.

'신비'란 감추어진 것, 이해할 수 없는 것이란 뜻입니다. 이 말의 그리스도교적 의미는 하느님과 관련된 것, 특히 그리스도를 통해 알게 된 하느님입니다. "(하느님의) 신비는 … 그리스도"(콜로 1,27), "하느님의 신비 곧 그리스도"(콜로 2,2) 등 신비는 예수님과 직접 연결됩니다.

삼위일체는 오직 그리스도교에만 존재합니다. 유다교는 야훼 하느님, 이슬람은 알라신을 각각 유일신으로 섬기는데, 그리스도교 역시 유일신을 섬깁니다. 야훼 하느님과 삼위일체 하느님과 알라신은 같은 분입니다. 그리스도교만이 성부, 성자, 성령, 삼위일체 하느님으로 믿습니다.

'삼위일체'에서 '삼위'는 각각의 위격, 즉 제1위격 성부, 제2위격 성자, 제3위격 성령입니다. '일체'란 세 위격의 하느님께서 한 분이시라는 뜻입니다. 이는 세 위격이 각각 구분되지만, 동일한 한 분 하느님이라는 다소 이해하기 어려운 내용입니다. '위격'(位格, persona)은 독립적이고 개별적인 실체이기에, 성부, 성자, 성령은 독립적이고 개별적 실체인 동시에 언제나 한 분이십니다. 이런 복잡하고 어려운 상황은 왜 벌어졌을까요?

### 삼위일체론의 핵심은 예수님에 대한 이해

구약에서는 야훼 하느님 한 분만이 신앙의 대상이셨습니다. 그런데 예수님께서 이 땅에 다녀가신 후, 예수님도 하느님이심을 알고, 믿게 되었습니다. 이때부터 고민과 논쟁이 시작되었습니다. 예수님께서도 하느님이시라면, 하느님은 한 분이신가, 두 분이신가의 문제였습니다. 초기 교회는 논쟁 끝에 예수님도 하느님이시라는 결론을 내렸고, 그 결과 성부와 성자의 '이위일체론'(二位一體論, Binitarianismus)이 등장하기도 했습니다. 그러나 얼마 후, 성령의 존재를 인식하고, 숙의를 거듭한 후 성령 역시 하느님이심을 받아들여, 결국 성부, 성자, 성령이 '삼위일체Trinitas'이심을 선포했습니다.

삼위일체론의 가장 큰 난제는 결론을 알지만, 과정이나 내용은 모른다는 점이었습니다. 하느님 계시를 통해 성부는 물론 성자와 성령도 하느님이심을 믿게 되었는데, 그런 상황이 어떻게 가능한지 도무지 알 수 없었습니다. 당대 많은 천재들이 이 문제를 설명하고자 했으나, 불완전하거나 비유적 설명만 가능할 뿐이었습니다.

앞서 언급한 것처럼, 삼위일체 신비는 성자께서 이 땅에 오신 후, 그분을 체험하면서 알게 된 계시입니다. 예수님은 삼위일체의 계시자이십니다. 구약에는 삼위일체에 대해 근거를 암시할 뿐, 명시적이고 구체적인 언급은 없습니다. 예를 들어 "우리 모습으로 사람을 만들자."(창세 1,26)라는 구절에서 '우리'와 같은 복수형 표현은 권력이나 강한 힘을 상징하지만, 삼위 하느님을 표현한 것은 아닙니다.

창세기 18장의 상수리나무 아래 세 천사 이야기도 삼위일체를 암시하는 것으로 볼 수는 있지만, 직접적 근거는 아닙니다. 이사야서 6장의 세 얼굴을 가진 천사 이야기, 하느님의 뜻을 행하는 천사들의 모습도 삼위일체의 직접적 증거는 아닙니다.

구약의 하느님께서는 단 한 번도 자신을 직접 드러내지 않으시고, 말씀과 영을 통해 드러내십니다. 하느님의 말씀과 하느님의 영을 인격화한 구절은 여러 차례 등장합니다. 한처음에 말씀을 통해 창조하시고, 시나이산에서 모세에게 말씀을 전하셨으며(참조: 탈출 20,1; 24,3-8; 34,29), 예언자들은 하느님 말씀을 듣거나 봅니다(참조: 이사 5,9; 에제 1,11; 즈카 1,8 등). 지혜 문학에서는 하느님의 말씀이 '인격화'되어 하느님과 동일시되기도 하고, 구약의 '영' 또한 하느님의 속성이나 업적으로 표현됩니다.

예수님께서 이 땅에 오신 후, 삼위일체는 본격적으로 계시됩니다. 성부의 계획과 성령의 능력으로 성자께서 탄생하시고, 예수님의 세례 때에는 비둘기 모양으로 성령이 내려오시어, 하늘에서 "이는 내가 사랑하는 아들, 내 마음에 드는 아들이다."(마태 3,17)라는 성부의 음성이 들립니다. 예수님께서는 "성령 안에서 즐거워하며" 하느님을 "하늘과 땅의 주님"으로 찬양하십니다(루카 10,21 참조). 승천하시면서는 제자들에게 "아버지와 아들과 성령의 이름으로"(마태 28,19) 세례를 주라고도 이르셨습니다. 신약 성경은 삼위일체가 중심이 되고, 삼위일체 신비는 예수님을 통해 전개되기에, 삼위일체론의 중심에는 그리스도가 있습니다.

### '삼위'가 중심인가, '일체'가 중심인가?

지금을 '성령의 시대'라고 주장하는 이들이 있습니다. 특정한 관점도 살펴보자는 의도는 괜찮을 수 있지만, 대개는 이단들이 흔히 하는 위험한 발언입니다. 성령을 지나치게 강조하는 경향은 동방 교회 신학의 특징이고, 일부 개신교의 사목 방향이기도 합니다.

사실 초기 그리스도교에서 신앙이 신학적으로 정리되는 과정은 동방 교회에서 먼저 이루어졌습니다. 당시 학문은 그리스 철학의 영향을 많이 받았기에, 동방 교회가 위치한 지역이 학문적으로 더 발달했습니다. 초기 그리스도교의 하느님 개념은 유다교의 유일신 개념의 지배적인 영향을 받았고, 그에 더해 역시 '제1원인'을 강조하는 그리스 철학의 영향으로 자연스레 성부를 첫 번째 하느님으로 이해하려는 경향이 강했습니다. 그래서 삼위일체를 '성부 중심'으로 이해하는 것이 좀 더 일반적이었습니다.

'삼위'라는 말은 성부와 성자와 성령, 3위의 하느님께서 지니신 개별적이고 독립적인 본질입니다. 이는 각 위격의 차이를 강조하고, 그러다 보니 성부 하느님을 성자나 성령보다 더 근원적인 분으로 인식한 것입니다. '일체'를 강조하면 성부, 성자, 성령의 동일성이 더욱 강조됩니다. 아들 역시 아버지와 동일한 분이시고, 아들의 중요성과 위치가 성부와 동등해집니다. 즉 '삼위'에 대한 강조는 차이, 즉 성부의 우선성과 중요성을 드러내고, '일체'를 강조하면 동일성, 즉 성자가 성부와 같으심이 강조됩니다. 전자는 성부 중심성이, 후자는 성자 중심성이 부각됩니다.

물론 삼위 하느님은 같은 분이시고, 세 위격 모두 한 분 하느님이십니다. 그러나 초기 교회에서는 '어디에 중점을 둘 것인가?' 하는 문제가 꽤 크고 중요한 논제였습니다. 성부 중심적 관점에서는 성자와 성령이 성부의 양손과 같은 역할을 합니다. 때로는 성자가 중심적으로 활동하기도 하고, 이후엔 성령이 중심이 되기도 합니다. 즉, 동방 신학에서는 성부의 뜻에 따라 성령 중심적으로 활동이 이루어지는 것으로 보았고, 성령 중심적 관점으로 신학과 신앙을 해석했습니다.

서방 교회인 가톨릭 교회는 철저히 '그리스도 중심적' 관점으로 신학과 신앙을 해석합니다. 물론 성부와 성자의 활동을 이분법적으로 나누는 것은 바람직하지 않습니다. 그러나 바로 이 관점 때문에 '니케아-콘스탄티노폴리스 신경'에 "성자에게서Filioque"라는 문구의 삽입 여부를 두고 동서방 교회가 갈라졌고, 이 문제는 아직도 합의에 이르지 못하고 있습니다. 성부의 계획은 그리스도를 통하여, 성령의 도움으로 이루어집니다. 그리스도교는 그리스도가 중심입니다.

> **이것만은 꼭!**

## "신학이란 무엇이고, 어떻게 구분하나요?"

### 신학이란 그리스도를 통한 하느님 이해

하느님은 누구신가요? 어떤 분이신가요? 우리는 '계시'를 통해 하느님을 알 수 있습니다. '계시'는 '하느님께서 하느님에 대해 알려 주신 것'입니다. 계시는 대표적으로 자연 계시(일반 계시)와 초자연 계시(특별 계시)로 구분합니다. 자연 계시의 '자연'이란 풀, 나무, 숲 등이 아니라, 인간의 지성과 이성을 가리키는 말입니다. 따라서 자연 계시는 인간 이성을 통해 인간 스스로 이해할 수 있는 하느님, 예를 들어 창조, 세상, 문화, 역사 등을 통해 알게 된 하느님을 의미합니다.

초자연 계시는 말 그대로 '초자연', 즉 인간 이성을 뛰어넘는 계시, 하느님께서 직접 알려 주셔야만 알 수 있는 계시입니다. 대표적으로 '성경'과 '성전聖傳'입니다. 신학은 자연 계시와 초자연 계시에 근거해 전개되며, 초자연 계시를 더 중요하게 여깁니다.

그리스도교 신학에서는 '하느님 말씀'이 중요합니다. 그러나 하느님 말씀이 성경은 아닙니다. "한처음에 말씀이 계셨다. 말씀은 하느님과 함께 계셨는데 말씀은 하느님이셨다."(요한 1,1). 창조 이전에 말씀이 계셨고, 그 말씀 역시 하느님이셨습니다. 세상 창조 때 하느님께서 말씀으로 세상을 창조하셨습니다. 바로 그 하느님 말씀이 사람이 되시어 우리 가운데 계신 분이 동정 성모님에게서 태어나신 예수님이십니다(요한 1,14 참조). 하느님 말씀은 예수 그리스도이시고, 성경은 하느님의 말씀을 기록한 책입니다.

요한 복음사가가 예수님을 설명하고, 규정하기 위해 고민 끝에 선택한 단어는 '말씀logos'입니다. '로고스'라는 단어의 원래 뜻은 '말, 의미, 언어' 등이었습니다. 그런데 당시 사상의 중심이었던 그리스 철학(스토아 학파)에서는 철학적 해석을 가미해 '이성, 법칙, 원리' 등으로 새롭게 규정했습니다. 스토아 학파의 대표적 철학자 중 한 명인 알렉산드리아의 필론(기원전 20년-기원후 42년)은 로고스의 개념을 더욱 확장해서 지혜와 동일시했고, 만물의 최고 원리, 만물의 근거라 주장했습니다. 이는 하느님과 같은 의미입니다.

요한은 예수님께서는 하느님과 동일한 분이시지만 성부와는 구별되는 삼위일체의 제2위격인 성자이시기에, 예수님을 '로고스', 즉 하느님의 '말씀'이라 불렀습니다. 로고스라는 호칭은 그리스 철학에서 유래한 것이지만, 그리스 철학에서는 제2의 하느님을 의미할 수도 있기에, 철학적 의미를 그대로 반영시키지 않았습니다. 요한이 생각하기에, 하느님이시고 동시에 하느님의 아들이신 분을 표현하기 가장 적절한 단어는 '말씀'이었습니다.

신학이란 계시를 근거로 계시를 해석하는 학문입니다. 즉 하느님에 대한 말씀이자, 로고스이신 예수 그리스도를 통해 알게 된 하느님을 설명하는 것, 완전한 계시인 예수님을 통해 하느님을 알고, 이해하고, 설명하는 것이 신학입니다.

### 신학의 구분

신학의 체계는 다양하게 구분됩니다. 제가 공부했던 독일 신학의 예를 들면 다음과 같습니다.

1) 성서 신학: 성서학(주석학), 성서 신학
2) 역사 신학: 교회사, 교부학
3) 실천 신학: 영성 신학, 사목 신학, 전례학, 교회법
4) 조직 신학: 교의 신학, 윤리 신학
5) 종교 철학

조직 신학은 신학을 체계적이고 조직적systematic으로, 즉 성경과 역사와 실천, 철학에서 얻은 내용을 조직적이고 체계적으로 배열하고 해석하는 분야입니다. '교의 신학'이 대표적입니다. '교의dogma'란 하느님의 계시 자체, 하느님의 계시에 대한 해석입니다. 즉, 신앙의

핵심 내용과 진리를 인간이 알아들을 수 있도록 조직화하는 것이 교의 신학입니다. 교의 신학 과목에는 신학 입문, 기초 신학, 신삼위일체론, 창조론, 종말론, 그리스도론, 교회론, 은총론, 성사론, 마리아론, 성령론, 교회 일치와 종교 간 대화 등이 있습니다.

참고로 '교리 신학'이란 말은 없습니다. '교리doctrina'는 교의로 정리된 내용을 더 구체적이고, 실천적이며, 사목적으로 정리한 내용입니다. 비유하자면, '교의'는 금덩어리와 같은 것이고, '교리'는 그 금을 세공해서 만든 목걸이, 팔찌, 귀걸이 등입니다. 교리에는 예비자 교리, 성인 교리, 가톨릭 교리 등의 분야가 있으며, 교리는 '교리 교수법'이라는 실천 신학의 한 분야에 포함됩니다.

### 이성과 신앙의 조화와 신앙의 우선성

신학은 계시를 근거로 계시를 해석하는 학문입니다. 계시는 그 자체로 알아듣기 힘든 것이 많기에, 대부분은 해석이 필요합니다. 하느님의 계시 자체는 변화하지 않지만, 계시를 받아들이는 사람은 시간과 공간, 상황에 따라 달라지기 때문입니다. 제2차 바티칸 공의회의 중요 목표가 '현대화aggiornamento'였던 이유입니다. 하지만 신학은 시대에 '맞는' 해석을 추구할 뿐, 시대에 '맞춘' 해석은 거부합니다. 시대의 요청과 사람들의 바람에 따른 신학은 오래가지 못합니다.

신학의 연구는 신학자들의 몫이지만, 최종 책임자이자 해석의 궁극적인 주체는 교회의 '교도권'입니다. 교도권은 사도들의 후계자인 주교들을 의미합니다. 예수님께 복음을 받아 전달하고 보존한 이들이 사도들이었습니다. 그 사도들의 가르침을 전달하고(사도 전승使徒 傳承), 사도들의 위치를 계승하는(사도 계승使徒 繼承) 주교단을 교도권이라고 합니다. 주교단은 교황을 우두머리로 하는 주교들 전체를 의미합니다.

가톨릭 신학은 신앙과 이성의 조화를 강조합니다. '오직 신앙만으로sola fide'를 주장하는 개신교 신학과의 차이가 바로 신앙의 합리성을 강조하는 것입니다. 가톨릭 교회는 신앙적 이성과 이성적 신앙을 중요시합니다. 이성 없이 신앙만 강조하는 '신앙주의'는 오직 믿음만을 강조하며, 인간의 이성적 판단을 거부함으로써 맹목적인 근본주의에 빠질 위험이 있습니다. 신앙 없이 이성만 강조하는 '이성주의'는 합리주의와 계몽주의의 영향으로 오직 인간 이성과 과학으로 파악되는 것만 중시하고, 결국 윤리와 도덕은 상대화되어 무신론이 판치는 차가운 세상이 될 것입니다.

가톨릭 교회에서 신앙의 중요성은 불변의 가치이지만, 이성과의 조화 또한 중시하고 강조하기 때문에 가톨릭 신학 안에서 철학의 역할은 매우 중요합니다. 철학이 바탕이 되어야 가톨릭 신학이 가능하다고 여기기에, 안셀무스 성인은 그리스도교의 특성을 '이해를 추구하는 신앙fides quaerens intellectum'이라 규정했습니다. 신앙은 물론, 신학 역시 먼저 믿고, 그 다음에 이해하는 것입니다. 인간 이성으로 할 수 있는 것이 있고, 할 수 없는 것이 있음을 깨달아야 합니다. 특히,

예수님을 통해 하느님께서 알려 주신 것은 불변의 진리임을 기억해야 합니다.

"한처음에 말씀이 계셨다.
말씀은 하느님과 함께 계셨는데
말씀은 하느님이셨다."(요한 1,1)

"언제나 기뻐하십시오. 끊임없이 기도하십시오.
모든 일에 감사하십시오.
이것이 그리스도 예수님 안에서 살아가는 여러분에게
바라시는 하느님의 뜻입니다."

(1테살 5,16-18)

제6장

예수님 승천 이후 -
성령과 교회

# 01 "주님이시며 생명을 주시는 성령"

### 성령은 어떤 분이신가요?

'공의회'(보편 공의회)란 교황과 전 세계 주교단이 모여 계시를 시대에 맞게 이해하고 받아들이는 가톨릭 교회의 가장 중요한 회의입니다. 가장 최근의 공의회는 1962년 개최된 제2차 바티칸 공의회입니다. 공의회에서 결정된 사항은 신앙과 신학의 가장 중요한 기준이 됩니다. 그리스도교 역사상 총 21번의 보편 공의회가 있었습니다.

첫 보편 공의회는 제1차 니케아 공의회(325년)였는데, 이 공의회의 주제는 '예수님의 신성 문제'였습니다. 요한 복음사가는 성자 예수를 '말씀Logos'으로 이해했는데, 당시 '아리우스' 이단은 '말씀'을 하느님과 인간 사이의 중간 존재로 이해하며 성자의 완전한 신성을 부정했습니다. 이에 교회는 공의회를 통해 말씀이신 성자가 성부와 본질이 같으므로, 성부와 같은 분이라 선포했습니다.

역사상 두 번째 공의회인 콘스탄티노폴리스 공의회(381년)는 '성령의 신성'을 부정하는 이단들을 단죄하고, 성령의 온전한 신성을 신앙으로 고백합니다. 이때 삼위일체 교리가 윤곽을 드러냈고, 그 내용이 정리된 것이 '신경'입니다. 신경은 성령께서 성부와 성자와 같은 하느님이시고, "주님이시며 생명을 주시는 분"이라 증언합니다.

성자와 성령에 관한 논쟁은 이후에도 계속되었습니다. 특히 오늘날 여러 이단 세력은 예수님 대신 오직 성령만을 강조해 '성령의 시대'라 주장하기도 합니다. 하지만 인간을 구원으로 이끄는 '복음'은 언제나 예수님의 말씀과 행적, 즉 예수님 자체이십니다. 성령은 성부와 성자가 파견하신 예수님의 협조자이시고, 진리이신 예수님을 밝히 드러내는 '진리의 영'(παράκλητος[파라클레토스], 협조자, 보호자, 인도자, 개신교에서는 보혜사)이십니다(요한 15,26 참조).

### 성령도 한처음부터 함께

"한처음에 … 하느님의 영이 그 물 위를 감돌고 있었다."(창세 1,1-2). 성령은 처음부터 성부와 성자와 함께 존재하시고 활동하셨습니다. 하느님께서는 말씀과 더불어 영靈을 통해 활동하셨습니다. 하느님의 영은 특히 창조적 능력을 드러내십니다. "당신의 숨을 내보내시면 그들은 창조되고 당신께서는 땅의 얼굴을 새롭게 하십니다."(시편 104,30). 하느님께서는 말씀과 영을 통해 인간과 세상을 창조하셨고, 피조물의 존속과 성장을 도와주십니다. 하느님의 영은 생명을 주시고 구원으로 이끄시는 주님이십니다. 하느님께서는 당신의 영을 통해서 피조물에게 숨을 주셨고, 이 숨을 거두어들이시면 피조물들은 죽어 먼지로 돌아갑니다(시편 104,29 참조). 피조물은 하느님 영으로 살아갑니다. "숨 쉬는 것 모두 주님을 찬양하여라."(시편 150,6).

성령은 교회 안에서, 세상 안에서 활동하시는 하느님의 힘이자 현존 자체, 구원의 선물, 창조와 구원과 세상 완성의 힘입니다. 성경을 보면 하느님께서는 이 세상을 초월하는 분이신 동시에, 당신의 영을 통해 세상과 인간과 직접 친교를 맺고 인격적으로 만나는 분이십니다. 교회는 영을 통해 하느님의 능력과 구원을 체험합니다. 교회는 하느님의 영을 통해 세상에 존재하고, 하느님께서 어렵고 힘든 상황에서 구원해 주는 분이심을 실제 역사 안에서 체험합니다.

### 전례와 성사 안에서 그리스도의 현존

20세기 초·중반 가톨릭 교회에는 위대한 신학자들이 많이 등장했습니다. 성령론과 관련해 가장 유명한 신학자 중 한 명은 도미니코회 소속 이브 콩가르(Ive Marie-Joseph Congar, 1904-1995년)입니다. 그는 예수회원인 앙리 드 뤼박과 함께 전통적인 스콜라 신학에서 벗어나 성경과 교부들 문헌을 새롭게 해석했던 '신신학'(新神學, Nouvelle théologie)을 프랑스에서 전개했습니다.

콩가르는 교회론과 성령론에 대해 다수의 저작을 발표했으며, 특히 '성령론적 교회론' 즉 교회의 친교와 복음화 문제를 성령을 통해 이해하고, 성령에 근거한 구원 신학을 전개했습니다. 이는 교회 안에서 성령의 역할이라 할 수 있는 친교와 일치, 생명력과 역동성 등을 강조하는 신학입니다.

성령은 어떤 분이신가요? 성령에 대한 지식은 많지 않아도, 성령 체험은 가능합니다. 특히 전례와 성사 안에 작용하시어 그리스도를 받아들이도록 준비시키고, 그분을 현존케 하시는 성령에 대한 체험은 가능합니다.

콩가르는 저서 『나는 성령을 믿나이다』의 제3권에서 성사와 전례 중 성령의 역할, 특히 '성령 청원 기도Epiclesis'에 주목했습니다. 예를 들어, 사제 서품식 중에 바치는 성령 청원 기도는 예식의 핵심인 주교와 사제단의 안수 기도와 연결되고, 이 기도 후 사제로 서품됩니다. 성령의 활동 없이 성사적 효능은 불가능합니다.

미사 중 예물 봉헌을 마치고 성찬의 전례가 본격적으로 시작될 때, 사제는 제대 위 예물에 손을 펴 얹으며 "거룩하신 아버지, 아버지께서는 모든 거룩함의 샘이시옵니다. 간구하오니 성령의 힘으로 이 예물을 거룩하게 하시어"(감사기도 제2 양식)라고 기도하는데, 이 기도가 성령 청원 기도입니다. 이때가 미사의 가장 중요한 순간 중 하나인데, 이 기도가 봉헌된 빵과 포도주를 성체와 성혈로 축성해 주시도록 기원하는 기도이기 때문입니다.

미사 중 성체와 성혈의 축성과 거양 후, 성령을 부르며 그리스도인의 일치를 기원하는 성령 청원 기도를 다시 바칩니다. "간절히 청하오니, 저희가 그리스도의 몸과 피를 받아 모시어 성령으로 모두 한 몸을 이루게 하소서."(감사기도 제2 양식). '그리스도의 몸'을 모신 이들은 그리스도 안에서 일치하여 한 몸이 되고, '그리스도의 신비체'인 교회의 지체를 이루도록 성령의 도움을 청합니다. 성사와 전례 안에서 성령의 역할은 매우 중요합니다.

## 그리스도론과 성령론의 관계

가톨릭 교회에서 올바른 성령론은 반드시 그리스도론과 연결되어야 하며, 올바른 그리스도론 또한 성령론과 긴밀히 관련되어야 합니다. 이는 콩가르가 강조한 성령론적 신학의 관점이기도 합니다. 가톨릭 신학은 하느님의 구세사 안에서 성자와 성령의 역할은 상호 보완적이며, 불가분의 관계를 가진다는 것을 강조합니다.

삼위의 하느님은 언제나 서로 구분되면서, 동시에 언제나 하나이십니다. "하느님의 모든 계획은 하느님 세 위격의 공동 작업이다. 삼위가 오직 하나의 동일한 본성을 지니셨듯이, 그 활동도 유일하고 동일하다. … 한편 각 위격은 자신의 개별적인 위격의 특성에 따라 공동 활동을 하신다."(『가톨릭 교회 교리서』 258항).

성령 하느님 역시 성부와 성자와 동일한 하느님이시고, 항상 성부와 성자와 함께 활동하시며, 성령만의 고유한 활동도 있습니다. 성령은 그리스도의 신비를 통해 주어진 구원의 힘을 교회에 유지, 보존해 주시고, 모든 이 안에 머무시면서 성화하시는 역할을 하십니다. 교회는 '그리스도의 몸'이고, 그리스도는 교회의 머리이십니다(참조: 1코린 12,12-27; 에페 1,22-23). 동시에 성령은 '교회의 영혼anima ecclesia'이십니다(요한 바오로 2세 회칙 「생명을 주시는 주님」 참조).

"환난은 인내를 자아내고
인내는 수양을, 수양은 희망을 자아냅니다.
그리고 희망은 우리를 부끄럽게 하지 않습니다.
우리가 받은 성령을 통하여 하느님의 사랑이
우리 마음에 부어졌기 때문입니다."(로마 5,3-5)

## 02 성령의 은총과 열매

**성령의 가장 큰 은총은 교회 안에**

흔히 '은총'으로 번역되기도 하는 '카리스마'(charisma, 은사)는 하느님께서 베푸시는 특별한 선물, 특히 우리 안에서 이루어지는 성령의 현존과 활동을 의미합니다. 사람들에게 주어지는 은사는 여러 가지지만 성령은 같은 성령이시고, 활동은 여럿이지만 모든 사람 안에서 활동을 일으키시는 분은 같은 하느님이십니다(1코린 12,6-11 참조). 즉 '은사'란 성령께서 주시는 특별한 은혜 혹은 은총입니다.

바오로 사도는 이러한 은사(은총)가 예수 그리스도의 십자가 구속(救贖, 인간의 죄를 대속代贖하여 구원함) 사업을 통해 주어진 하느님의 은총이라고 강조합니다(참조: 로마 1,11; 5,15; 6,23; 11,29). 이 은총은 성령과 긴밀히 연결되어 있으며, 성령께서는 교회 공동체를 위해, 즉 공동체를 위한 봉사를 위해 이 은총을 내려 주십니다.

성령께서 내려 주시는 은총을 교회는 전통적으로 '성령 칠은聖靈七恩'과 '아홉 가지 열매'로 규정합니다. "성령의 일곱 가지 선물은 지혜, 통찰, 의견, 용기, 지식, 공경과 하느님에 대한 경외이다. 다윗의 후손이신 그리스도께서는 이 성령의 선물들을 완전히 갖추셨다."(『가톨릭 교회 교리서』 1831항).

성령 칠은은 이사야서 11장 1-3절의 말씀에 근거합니다. 그리고 '7'이라는 숫자는 성경에서 완전함을 드러내는 숫자로 인식되기에, 수많은 성령의 은혜를 반드시 일곱 가지 범주에 국한해 이해하려 하지 않아도 됩니다. 성령이 주시는 일곱 가지 은총은 크게 두 범주로 구분할 수 있는데, 무언가를 알게 해 주시는 은총(지혜, 통찰, 의견, 지식)과 우리를 격려해 주시는 위로의 은총(용기, 공경, 경외)입니다.

성령의 아홉 가지 열매는 성령께서 영원한 영광의 첫 열매로 우리 안에 이루어 놓으신 완덕으로, 성경은 이 열매를 "사랑, 기쁨, 평화, 인내, 호의, 선의, 성실, 온유, 절제"(갈라 5,22-23)라 알려 줍니다.

### '진리의 영'이신 성령

예수님께서는 당신은 진리이시고, 성령은 "진리의 영"(요한 14,17)이시며, 우리 안에 계신 분이라 알려 주셨습니다. 성령 역시 진리이시고, 진리로 이끌어 주는 힘이십니다. "진리의 영께서 오시면 너희를 모든 진리 안으로 이끌어 주실 것이다."(요한 16,13). 진리의 영이신 성령께서는 예수 그리스도의 길로 가도록 우리를 안내해 주시는 인도자이십니다. 성령께서는 우리를 그리스도의 빛과 신비 안에서 변화시키시어 구원의 은총으로 인도하십니다.

그런데 성령의 활동과 은총을 어떻게 식별할 수 있을까요? 성령께서는 모든 사람 안에 함께하십니다(1코린 12,11 참조). 하지만 교회는 성령의 현존과 활동이 예수 그리스도의 말씀과 행적에서 온전히 드러난다고 가르칩니다. 성령의 은사는 교회 밖에도 존재하고, 성령께서는 모든 사람들 안에서도 활동하시지만, 가장 확실하게 현존하고 활동하는 곳은 예수 그리스도의 교회입니다. 성령의 은사는 우선적으로 교회 공동체를 위한 것입니다.

부활하신 예수님께서는 교회에 성령을 파견하십니다. 하느님께서 교회와 함께하시고, 교회 안에서 활동하시기 위해서입니다. 성령께서는 예수님께서 선포하신 복음을 확증하고, 지탱하며, 결실을 맺어 주십니다. 교회는 성령으로 유지되고, 성령의 현존은 교회를 통해 확인됩니다. 성령의 활동은 삼위일체 하느님과 연관되고, 하느님의 활동에 대한 모든 답은, 모든 계시에 대한 답인 예수 그리스도께 있습니다.

## 하느님 은총은 성령의 도움을 통해

그리스도교 2천 년 역사상 가장 위대한 신학자 중 한 명인 토마스 아퀴나스는 이렇게 말했습니다. "사랑을 하면 기쁨을 느끼게 된다. 그 대상이 고귀할수록 기쁨은 더 커진다." 반려동물을 사랑하면서 큰 기쁨을 느껴 본 분들이 계실 것입니다. 자식을 낳고 기르는 기쁨은 그보다 훨씬 더 클 것입니다. 가장 고귀한 대상인 하느님을 사랑한다면, 가장 큰 기쁨을 누릴 수 있을 것입니다.

하지만 인간이 하느님을 사랑하는 것보다 하느님께서 인간을 더 사랑하신다는 것을 깨닫는다면, 얼마나 큰 기쁨을 누릴 수 있을까요? 하느님의 사랑을 받고, 하느님을 사랑하는 은총을 어떻게 얻을 수 있을까요? 이 역시 하느님의 은총으로 가능하고, 성령의 도움으로 실현됩니다. 그렇다면, 성령의 도움은 어떻게 받을 수 있을까요?

앞서 말했듯이, 성령의 현존과 활동을 가장 직접적으로 확인할 수 있는 곳은 예수 그리스도의 삶과 말씀입니다. 그리고 그것은 교회의 가르침과 일치합니다. 따라서 성령의 현존과 활동을 식별할 수 있는 방법과 기준은 구약과 신약 성경, 그리고 교회의 가르침입니다.

### 성령과 마리아

부활하신 예수님은 교회에 성령을 파견하십니다. 파견의 이유는 하느님께서 교회와 함께하시기 위해서, 교회 안에서 활동하시기 위해서입니다. 교회의 존립 이유가 복음 선포, 즉 세상 모든 사람을 구원으로 이끄는 것이기 때문입니다. 성령께서는 예수께서 선포하신 복음을 확증하고, 지탱하며, 결실을 맺어 주시는 분입니다. 교회의 활동은 성령을 통해 유지되고, 성령의 현존과 활동은 교회를 통해 확인됩니다. 교회 안에서는 물론 모든 사람 안에서 활동하시는 성령을 식별하는 것은 중요하면서도 어려운 일입니다. 성령의 모든 활동은 삼위일체 하느님과 연관되는 것입니다. 누구나 하느님 체험을 할 수 있습니다. 하느님께서는 모든 곳에 계시기 때문입니다. 하지만 동시에 하느님께서는 '숨어 계시는 하느님'이시기에(이사 45,15 참조), 인간의 능력과 이성으로는 이해하기 어려울 때가 더 많습니다. 하느님은 우리가 원한다고 해서 눈으로 보거나 직접 만날 수 있는 분이 아니십니다. 성자 이외에 어느 누구도 하느님을 직접 마주한 사람은 없습니다(요한 1,18 참조).

하느님을 직접 눈으로 마주할 수는 없지만, 체험할 수는 있습니다. 하느님의 현존 체험은 기도와 성사, 그중에서도 특히 성체성사로 가능합니다. 또한 사랑의 실천으로도 가능하며, 무엇보다 성령께서 주시는 열매, 결실, 은사를 통해서 하느님 현존의 체험이 가능합니다. 여기서 우리는 우리가 성령과 맺는 관계가 곧 하느님과 맺는 관계라는 점을 기억해야 합니다. 따라서 말씀에 대한 신앙과 순종, 즉 신앙적 순종이 매우 중요합니다.

신앙적 순종을 가장 잘 보여 주신 분이 바로 성모님이십니다. 성모님은 성령의 작용으로 예수님을 잉태하실 때부터, 예수님 승천 이후에도 사도들과 함께 성령의 강림을 기다리며 기도하셨습니다(사도 1,14 참조). 성모님의 모습은 성령의 은총을 받기에 가장 합당하신 모습이었습니다. 성모님께서 항상 하느님의 뜻을 다 헤아리셨던 것은 아니셨지만, 하느님의 뜻이 분명하다고 생각하시면 겸허하게 받아들이고 따르셨습니다. "저는 주님의 종입니다."(루카 1,38)라고 하신 성모님의 모습은 성령의 은총과 열매를 얻기에 가장 합당한 모습입니다.

"당신의 숨을 내보내시면 그들은 창조되고
당신께서는 땅의 얼굴을 새롭게 하십니다."
(시편 104,30)

## 03  바오로 서간과 가톨릭 서간

**바오로가 쓴 편지와 바오로의 영향을 받은 편지**

신약 성경 전체 27권 가운데 '바오로 서간'이라 부르는 서간은 13권으로, 신약 성경의 거의 절반을 차지합니다. 신약 성경 중 복음서 4권과 사도행전 그리고 요한 묵시록을 제외한 나머지 21권이 모두 서간인데, 이 중에서 바오로 서간이 거의 3분의 2에 해당합니다.

바오로 서간 13권의 목록은 다음과 같습니다. 로마 신자들에게 보낸 서간(로마서), 코린토 신자들에게 보낸 첫째 서간(코린토 1서), 코린토 신자들에게 보낸 둘째 서간(코린토 2서), 갈라티아 신자들에게 보낸 서간(갈라티아서), 에페소 신자들에게 보낸 서간(에페소서), 필리피 신자들에게 보낸 서간(필리피서), 콜로새 신자들에게 보낸 서간(콜로새서), 테살로니카 신자들에게 보낸 첫째 서간(테살로니카 1서), 테살로니카 신자들에게 보낸 둘째 서간(테살로니카 2서), 티모테오에게 보낸 첫째 서간(티모테오 1서), 티모테오에게 보낸 둘째 서간(티모테오 2서), 티토에게 보낸 서간(티토서), 필레몬에게 보낸 서간(필레몬서).

이 서간들을 바오로 사도가 다 쓰지는 않았다는 것이 오늘날 많은 학자의 견해입니다. 바오로가 직접 쓴 것이 확실해 보이는 '바오로 친서'는 모두 7권으로, 로마서, 코린토 1서, 코린토 2서, 갈라티아서, 필리피서, 테살로니카 1서, 필레몬서입니다.

그 외에 바오로의 측근이나 제자들이 쓴 것으로 추정되는 '제2 바오로 서간'이 6권 있습니다. 콜로새서와 에페소서, 테살로니카 2서, 티모테오 1서와 2서, 티토서입니다. 그러나 이 중 콜로새서와 에페소서, 테살로니카 2서를 바오로의 친서로 추정하는 학자도 적지 않습니다. '제2 바오로 서간' 중 티모테오 1서와 2서, 티토서는 공동체 신자들에게 보낸 다른 서간들과 달리, 공동체를 맡은 사목자들을 수신인으로 하기에 '사목司牧 서간'이라 불립니다. 바오로의 친서가 아닌 서간들을 바오로 서간으로 분류하는 이유는 무엇일까요? 당시에는 널리 알려진 인물, 특히 존경하는 스승이나 가까운 동료의 이름을 저자로 내세우는 관습이 있었습니다. 이를 통해 그 저술의 권위를 높이고, 그의 사상이나 정신을 더욱 발전, 또는 확장시켜 나갈 수 있었습니다. 바오로의 친서가 아닌 서간들도 이와 같은 경우에 해당합니다.

바오로의 친서가 아니라고 해서 그의 사상과 무관하지는 않습니다. 바오로의 사상을 계승하고 발전시킨 제2 바오로 서간들도 그 자체로 그의 사상을 이해하기 위한 중요한 자료입니다. 또한 바오로 친서와 구별함으로써 바오로의 사상이 교회 공동체 안에서 시간이 흐르면서 어떻게 발전했는지를 이해할 수 있고, 그 서간이 쓰이거나 편집됐을 시기 교회 공동체의 상황도 더 잘 파악할 수 있습니다.

바오로 친서들 중에서도 바오로가 손수 쓰지 않은 편지도 있는 듯합니다. 실제로 당시엔 편지를 받아쓰게 하는 것이 일반적이었고, 바오로는 글을 읽고 쓸 줄 알았지만, 관행을 따라 자신은 인사말 정도만 직접 적은 후. 대다수의 서간을 다른 사람에게 받아쓰게 한 것으로 보입니다. "이 편지를 받아쓴 저 테르티우스도 주님 안에서 여러분에게 인사합니다."(로마 16,22)라는 구절이나, "이 인사말은 나 바오로가 직접 씁니다."(1코린 16,21; 콜로 4,18) 등의 구절이 그 근거입니다.

### 바오로 서간의 특성과 내용

바오로 서간, 특히 바오로 친서들은 신약 성경 중 가장 먼저 저술되었습니다. 신약 성경 중 가장 먼저 집필된 테살로니카 1서는 기원후 50-51년쯤 작성된 것으로 추정됩니다. 그러나 바오로 사도의 생애를 정확히 파악하기 어려운 것처럼, 이 서간들의 집필 시기와 장소 역시 대체로 추정만 가능할 뿐, 명확하게 규명하기는 어렵습니다.

신약 성경 중 가장 이른 작품이자, 바오로 사도가 제2차 선교 여행(사도 15,36-18,22 참조) 중에 코린토에 머물면서 작성했다는 테살로니카 1서는 역사적, 신학적으로도 매우 중요합니다. 바오로는 늘 그랬듯이 먼저 회당에서 유다인들에게 복음을 선포했으나, 받아들이는 이는 소수에 불과했습니다. 대다수의 그리스도인은 그리스인들과 이방인들이었고, 바오로는 이들을 중심으로 공동체를 세웠습니다. 선교 중에도 바오로는 천막 만드는 일을 하며 생계를 해결했고(1테살 2,9 참조), 테살로니카 신자들이 자신을 본받아 성실하게 살기를 바랐습니다(2테살 3,7-9 참조).

테살로니카 1서는 바오로의 다른 서간들, 특히 갈라티아서와 로마서와 달리 복음과 신앙에 대한 신학적 논쟁보다는 박해와 환난 중에도 신앙생활을 꾸준히 해 나가는 신자들을 칭찬하고, 격려하는 사목적 내용을 담고 있습니다. 특히 주님의 재림과 이미 죽은 이들의 운명에 대해 길게 이야기하는데(1테살 4,13-5,11 참조), 바오로는 주님의 재림 때에 이미 죽은 이들이 부활하여 주님과 모든 사람들이 만날 것이라 확신했고, 신자들이 믿음에 따라 올바르게 살도록 윤리적 권고와 훈계를 했습니다. 바오로는 그리스도를 통한 하느님에 대한 믿음을 강조했습니다. 바오로에게는 언제나 하느님께서 중심이시고, 동시에 그리스도가 중심이셨습니다. 바오로에게 복음은 "하느님의 복음"(2,2)이고, "하느님의 말씀"(2,13)이며, "주님의 말씀"(1,8)이자, "그리스도의 복음"(3,2)이었습니다.

### 가톨릭 서간

신약 성경의 21권 서간 중 13권의 바오로 서간과 히브리서를 제외한 나머지 7권을 '가톨릭 서간'이라 합니다. 가톨릭 서간에는 야고보 서간, 베드로의 첫째와 둘째 서간, 요한의 첫째와 둘째와 셋째 서간, 유다 서간이 있습니다. 이 서간들은 서간의 수신인이 특정 인물이나 공동체가 아닌 '모든 공동체', '모든 그리스도인'에게 보내는 보편적 편지이기에 가톨릭 서간이라는 이름이 붙었습니다. 베드로의 첫째 서간과 요한의 둘째, 셋째 서간에는 수신인이 있지만, 전반적 내용이 교회 공동체 전체를 대상으로 하기에 가톨릭 서간으로 분류합니다.

'가톨릭 서간'이라는 명칭은 4세기 초 교회사가인 에우세비우스(265-339년)가 바오로 서간 뒤에 이어지는 일곱 권 서간에 붙인 명칭이고, 이후 라오디케이아 공의회(341-380년)에서 공식 명칭이 되었습니다. 가톨릭 서간에는 당시 초대 교회가 공통으로 갖고 있던 문제들과 그에 대한 사도들의 가르침이 담겨 있습니다. 그 문제들은 시대를 초월해 오늘날 우리 공동체와 교회의 삶에도 적용되는 문제들입니다.

우리나라 개신교에서는 '가톨릭 서간'을 '공동 서간'이라 부릅니다. '가톨릭'의 라틴어 'catholica'가 '보편적인', '일반적인', '공통의' 등의 뜻을 지니기 때문입니다. '가톨릭 교회'를 라틴어로 표기할 때는 대문자 C를 사용해, 'Ecclesia Catholica'라고 표기합니다.

> "언제나 기뻐하십시오. 끊임없이 기도하십시오.
> 모든 일에 감사하십시오.
> 이것이 그리스도 예수님 안에서 살아가는 여러분에게
> 바라시는 하느님의 뜻입니다." (1테살 5,16-18)

# 04 가톨릭 교회와 사적 계시의 관계

### '그리스도의 교회'인 가톨릭 교회

현재 전 세계에서 가장 거대한 두 종교는 그리스도교와 이슬람교입니다. 그리스도교 신자는 대략 24억 명, 이슬람교 신자는 대략 12억 명으로 추정합니다. 1054년 그리스도교는 '정교회Orthodox'라고 불리는 동방 교회와 '가톨릭 교회'라고 불리는 서방 교회로 나뉘었습니다. 가톨릭 교회는 1517년 루터에 의해 촉발된 종교 개혁의 영향으로 일부가 '개신교회Protestant'로 분파했습니다. 이슬람교 역시 200여 개의 종파가 있으며, 수니파와 시아파가 대표적인 두 종파입니다.

가톨릭 교회의 공식 명칭은 '로마 가톨릭 교회Ecclesia Catholica Romana'입니다. 가톨릭 교회는 전 세계 75억 인구 중, 약 18%에 해당하는 13억 3천만 명(2020 교황청 연감 참조)의 신자를 가진 최대 규모의 종교이자, 그리스도교 교파 중에서도 가장 큰 교파입니다.

예수님께서 직접 열두 사도를 뽑으시어, 베드로 위에 세우신 교회가 '그리스도의 교회'이며, 베드로의 후계자인 교황은 이 교회를 계승하며 책임져 왔습니다. 가톨릭 교회는 예수님께서 직접 세우신 교회이자, 가장 오래된 그리스도의 교회입니다.

가톨릭 교회의 구조는 중앙 집권적입니다. 베드로의 후계자인 교황을 중심으로, 교황이 직접 임명한 주교들이 교구와 교회를 맡습니다. 교황은 로마 교구의 교구장인 동시에 가톨릭 교회 전체의 영적 지도자로서, 그리스도의 대리자, 하느님 종들의 종으로 불리며, 흔히 파파Papa라고 합니다. 우리나라와 일본, 중국에서는 일반적으로 '교황敎皇'이라 부릅니다. 다만 중세의 황제를 연상시킨다며 대만과 홍콩처럼 '교종敎宗'으로 부르자는 주장도 있지만, 별 차이는 없어 보입니다.

'교구敎區'는 가톨릭 교회를 지역으로 구분하는 단위이자, 교회의 행정 구역입니다. 주교가 관할하는 '지역 교회'이며, 신자들의 공동체인 '본당'이 모여 이루어집니다. 성당, 본당, 교회는 모두 라틴어 '에클레시아Ecclesia'를 번역한 것으로, 비슷한 의미입니다. 굳이 구분하자면, 미사 드리는 건물의 의미일 때는 성당(예: 천주교 ○○동 성당), 신자들의 공동체 또는 사제가 상주하는 행정 구역상의 교회 단위는 본당이라고 합니다.

교회란 무엇인가요? 제2차 바티칸 공의회는 교회의 중요한 특성 세 가지를 천명했습니다. 첫째, 교회는 하느님께서 불러 모으신 '하느님 백성'입니다. 구약의 이스라엘 백성처럼 하느님께 선택받고, 계약을 맺은 백성입니다. 둘째, 교회는 '그리스도의 몸'입니다(참조: 로마 12,4-5; 1코린 12,12-27; 콜로 1,18). 구약과 달리, 신약의 하느님 백성은 그리스도 때문에 모인 백성입니다. 그리스도께서 몸이시고, 우리는 그 지체입니다.

셋째 교회는 '구원의 성사'입니다. 교회의 존립 이유는 교회에 속한 사람들, 즉 예수님을 그리스도로 믿고 따르는 사람들이 먼저 구원을 받고, 이후에 그들이 온 세상의 구원을 위한 도구, 즉 구원의 성사가 되는 것입니다. 교회는 믿는 이들에게 구원을 전하고, 믿지 않는 이들에게 그리스도를 전하는 도구이자 성사입니다.

교회에 대한 위의 세 가지 정의를 한 문장으로 바꾸면 다음과 같습니다. **교회는 '그리스도의 몸으로 이루어진 새로운 하느님 백성'입니다.**

### "예수 그리스도의 계시"(묵시 1,1)

신약 성경의 가장 마지막 책은 '요한 묵시록'입니다. 개신교에서는 이를 '요한 계시록'이라 하는데, 두 표현은 모두 그리스어 '아포칼립시스'(apokalypsis, 숨은 것을 드러냄)를 번역한 것으로 사실 큰 차이는 없고, 미묘한 차이만 있습니다. '묵시默示'는 비유로 감추어진 것, 주로 미래의 일을 가리키기에 하느님께서 열어 주셔야 함을 강조합니다. '계시'(啓示, Revelatio)의 '계啓'는 '열다'라는 뜻으로, 계시는 신비를 깨우쳐 열어 주는 것에 집중합니다. 가톨릭 교회에서는 묵시 문학의 특성을 강조해 '묵시록'이라 부릅니다. 반면, '묵시록' 또는 '계시록'이 아니라, 요한 묵시록 1장 1절 표현대로 "예수 그리스도의 계시"라 불러야 한다는 주장도 있습니다.

일반적으로 '계시'를 '감추어진 것을 드러냄'으로 설명합니다. 틀린 답은 아니지만, 온전한 의미도 아닙니다. 성경과 신학에서 계시란, '하느님께서 하느님에 대해 알려 주신 것'입니다. 하느님은 절대자, 초월자이시기에 인간은 스스로 알 수 없고, 당신께서 먼저 친히 알려 주셔야 합니다.

계시의 대표적 형태는 '성경과 성전聖傳'이며, 계시의 목적은 인간 구원입니다. 그렇다면 인간에게 주어진 첫 번째 계시는 무엇일까요? 정답은 '세상 창조'입니다. 하느님께서는 창조를 통해 당신이 '전능하신 천주 성부, 천지의 창조주'이심을 알려 주셨습니다. 창조된 세상에서 '성자를 통해 인간 구원이 실현되었음'을 알려 주셨고, '성령을 통해 인간과 세상을 완성으로 이끌고자 하심'을 알려 주십니다.

### 공적 계시와 사적 계시의 관계

'공적 계시'는 인류 전체를 향한 하느님의 계시를 말합니다. 하느님께서 그리스도를 통해 당신의 모든 것을 말씀하셨기에, 계시는 신약 성경에 선포되어 있는 것처럼 그리스도의 신비가 완성됨으로써 끝이 났습니다. "우리 주 예수 그리스도께서 영광스럽게 나타나시기 전에는 어떠한 새로운 공적 계시도 바라지 말아야 한다."(「계시 헌장」 4항). 예수 그리스도는 '계시의 충만이자 완성'입니다. 공적 계시는 예수님을 통해 완성되었고, 사도들을 통해 전달되고, 보존되었기에, 구세주의 재림 이전에 인간에게 주어지는 공적 계시는 이미 끝이 났습니다.

'사적 계시'는 신약 성경 완성 이후 전해진 모든 환시나 예언, 계시 등을 일컫습니다. 공적 계시와 사적 계시는 본질과 내용에서 차원이 전혀 다릅니다. 공적 계시만으로도 이미 충분하며, 사적 계시는 있으면 좋고, 없어도 결정적 문제가 되지는 않습니다. "(사적 계시들은) 그리스도의 결정적 계시를 '개선'하거나 '보완'하는 것이 아니라, 역사의 한 시대에서 계시에 따른 삶을 더욱 충만하게 살 수 있도록 돕는 데에 지나지 않는다."(「가톨릭 교회 교리서」 67항).

### 예수님이 계시의 주체이자 내용

하느님의 뜻은 구약의 이스라엘 백성과 예언자들, 신약의 예수 그리스도를 통해 여러 차례, 다양한 방식으로 전해졌습니다. "하느님께서 예전에는 예언자들을 통하여 여러 번에 걸쳐 여러 가지 방식으로 조상들에게 말씀하셨지만, 이 마지막 때에는 아드님을 통하여 우리에게 말씀하셨습니다."(히브 1,1-2). 여기서 말하는 '마지막 때'는 세상 종말이 아니라, 계시의 완성이신 예수 그리스도께서 이 땅에 오셔서 말씀과 행적, 즉 복음으로 인간에게 계시해 주신 때를 의미합니다.

예수님을 통해 계시가 완성되었다는 것은 하느님의 신비, 구원 계획과 완성에 대한 모든 신비가 예수 그리스도를 통해 드러나고, 실행되고, 결정되었다는 의미입니다(「계시 헌장」 2항 참조). 말씀이신 그리스도는 하느님의 뜻이고 의지이며, 하느님 자체이십니다. 예수님의 삶, 죽음, 부활, 승천을 통해 계시의 모든 의미와 내용이 완성되었으며, 이 계시를 더 잘 이해할 수 있도록 성령께서 진리로 이끌어 주십니다.

예수 그리스도께서 계시지 않았다면, 우리는 하느님이 어떤 분이신지, 인간의 삶과 죽음이 갖는 의미는 무엇인지, 우리 자신이 누구인지 알 수 없습니다. 그리스도교에서는 계시의 완성이자 하느님 말씀이신 그리스도께 순응하는 것이 신앙과 구원의 길이라고 가르치고 있습니다.

# 05 종말과 종말론

### 한처음에 하늘과 땅을 창조하셨다

"한처음에 하느님께서 하늘과 땅을 창조하셨다."(창세 1,1). 성경 전체를 시작하는 첫 구절입니다. 이 한 구절은 이스라엘 백성의 신앙 전체를 요약한 말입니다. 하느님은 창조주이시고, 하느님 이전에는 아무것도 없었던 유일무이한 분이시며, '무에서 창조'하셨기에 전능하신 분이시라는 신앙 고백이 담긴 표현입니다. 그중에서 가장 먼저 등장하는 '한처음에'(בראשית[버레쉿])라는 단어는 성경 전체의 첫 단어이자, 창세기의 원제목이기도 합니다. '한처음'이라는 단어는 '태초에', '창조 이전에'라는 뜻으로, 모든 것에 앞선 절대적인 시작을 의미하며, 하느님께로부터 모든 것이 시작되었음을 의미합니다.

히브리어 단어 '버레쉿'은 그리스어 성경인 '칠십인역 성경'에서 'arche[아르케]'로 번역되었습니다. '아르케'는 그리스 철학의 핵심 개념으로, '처음', '시초', '우주 만물의 시작이자 그 원리'를 뜻합니다. 요한 복음사가는 복음서 첫 문장에 이 단어를 사용했습니다. "한처음에 말씀이 계셨다."(요한 1,1). 그리스어 성경을 라틴어로 번역한 '불가타 성경'에서는 '한처음에'를 'arche'와 같은 의미인 'in principio'라고 번역했습니다. 그러므로 '한처음에'라는 말의 신학적 의미는 '하느님의 원리 안에서', '하느님 뜻 안에서'입니다.

창세기에 의하면, 하느님께서는 한처음에 '말씀'으로 세상 만물을 창조하십니다. 말씀이 바로 창조의 원리이십니다. 요한 복음서에는 말씀은 하느님이시라고 나옵니다. 말씀이 사람이 되신 분이 예수 그리스도이시고, 이분이 바로 우주 만물의 원리이십니다. 요한 복음서는 그리스 철학과 문화가 융성했던 에페소에서 저술되었습니다. 요한 복음사가는 그리스 철학을 잘 알았고, 영향을 많이 받았던 사람이었습니다. 그는 예수님의 '첫' 기적을, 예수님께서 혼인 잔치에서 물을 포도주로 바꾸신 카나의 혼인 잔치로 기술합니다.

'물'은 그리스 철학의 시조인 탈레스가 우주 만물의 원리라고 주장한 것입니다. 즉 예수님께서 만물의 근원인 '물'을 다스리고 변화시키셨다는 것은 예수님께서 우주 만물의 근본이시자 원리이심을 당시 사람들에게 천명하는 것으로 볼 수 있습니다. 예수님의 첫 번째 기적이 특히 복음서 후반부의 십자가 사건과 직접 관련된 것임을 고려할 때, 요한 복음사가는 예수님을 창세기의 시작과 연결하고, 당시 그리스 철학의 개념을 도입함으로써 예수님의 신성과 인성을 드러내고자 한 것으로 보입니다.

### 하느님 구원 역사의 드라마

하느님 구원 역사 혹은 구세사를 '구원 경륜救援經綸' 내지 '경륜'이라 합니다. '경륜'이란 창조부터 종말에 이르는 하느님의 역사를 통칭하는 말입니다. '경륜'(οἰκονομία[오이코노미아])이란 단어는 신약 성경에 총 4번 나옵니다(에페 1,9-10; 3,2; 3,9; 1티모 1,4). 이는 'oikos집, 가정+nomos법, 다스림'의 합성어이고, 영어로는 '이코노미economy'로 옮깁니다.

신약 성경은 하느님 구원 경륜의 의미를 '그리스도'를 통해 설명합니다. "그것은 때가 차면 하늘과 땅에 있는 만물을 그리스도 안에서 그분을 머리로 하여 한데 모으는 계획입니다."(에페 1,10). 이 구절은 어느 순간이 되면 만물이 그리스도 안에서 하나가 된다는 의미입니다. 가장 핵심 구절인 "그분을 머리로 하여"에 해당하는 그리스어 '아나케팔라이오ἀνακεφαλαιώ'는 'ana다시+kephala머리'가 결합한 단어로, 누군가가 '다시', '머리', 곧 우두머리가 됨을 인정한다는 의미입니다. 우주 만물이 시작된 원리가 바로 하느님의 말씀인데, 말씀이 사람이 되신 그리스도께서 다시 온 세상의 머리가 되시는 것, 우주 만물이 그리스도 안에서 하나가 되는 것을 인정하는 것입니다.

하느님의 구원 경륜이란 결국 창조 때부터 종말에 이르기까지 예수 그리스도께서 우주 만물의 원리가 되시는 것입니다. 경륜이란 예수 그리스도를 통해 이루어지는 구원의 역사, 드라마보다 더 드라마 같은 예수님의 구원 역사가 중심입니다. "그분께서는 하느님의 모습을 지니셨지만 … 당신 자신을 비우시어 종의 모습을 취하시고 사람들과 같이 되셨습니다."(필리 2,6-7). 예수님께서는 하느님과 동일한 분이셨지만, 겸손과 순종의 마음으로 당신 자신을 낮추시어 인간이 되셨고, 결국 십자가에 매달리셔서 당신의 피로 온 인류의 죄를 씻어 주셨으며, 하느님과 인간이 화해할 수 있게 해 주셨습니다.

예수님의 육화와 공생활, 특히 수난과 십자가 죽음에 이르는 전 과정은 하느님의 구원 역사를 가장 잘 보여 주고, 인간 구원의 길을 분명하게 제시해 줍니다. 예수님을 믿고 따르는 것이 구원의 지름길입니다.

### 종말이란 하느님과 함께하는 것!

종말이란 단어를 들으면 왠지 기분이 유쾌하지 않습니다. 게다가 종말론이라는 단어는 도대체 무슨 말인지 알아듣기 어렵습니다. 그리스도교에서 말하는 종말, 종말론의 의미는 무엇일까요?

요한 묵시록 가장 마지막 장에는 다음과 같은 문장이 있습니다. "나는 알파이며 오메가이고 처음이며 마지막이고 시작이며 마침이다."(묵시 22,13). 부활 성야 미사 때 사제가 부활초를 축성하면서 하는 말이기도 한 이 구절은, 하느님의 근본 속성을 이야기합니다. 우선 '알파'와 '오메가'는 그리스어 알파벳의 첫 글자와 마지막 글자입니다.

이는 곧 하느님께서는 창조주(시작)이시자 완성자(종말, 구원)이심을 의미합니다. '처음이며 마지막' 또는 '시작이며 마침' 등의 표현도 모두 마찬가지입니다. 그런데 여기서 '마지막'으로 번역된 그리스어 '에스카톤ἔσχατον'이 우리말에서 바로 '종말'로 번역되는 단어입니다.

'종말'이란 말 그대로 마지막이나 끝을 의미하고, 동시에 목적을 의미하기도 합니다. 이 세상의 목적이란 세상의 완성과 인간의 구원, 달리 표현하자면 '구원 경륜'입니다. 요한 묵시록 21장 1절에서 "새 하늘과 새 땅"을 이야기합니다. 이는 새 창조, 즉 첫 창조의 완성을 의미합니다. "거룩한 도성 새 예루살렘이 … 하늘에서 내려오는 것"(묵시 21,2)이나 "하느님께서 사람들과 함께 거처하시"(묵시 21,3)는 모습 역시 종말의 모습이고 구원이 완성된 모습입니다. "보라, 내가 모든 것을 새롭게 만든다."(묵시 21,5). 예수님 안에서 모든 것이 하나가 되어 통합되는 것이 종말이고, 구원이며, 완성입니다.

인간은 생명을 얻어 태어나고, 때가 되어 죽음을 맞이합니다. 그러고 나서 어느 순간 하느님 은총으로 새 생명을 얻게 되고, 어느 순간, 즉 예수님의 재림 때 완성됩니다. 그 순간에 사도 신경의 고백처럼 '육신의 부활'과 '영원한 생명'을 얻습니다. 세상과 인간이 완성되는 순간이 바로 종말입니다. 종말은 예수님의 재림과 함께 이루어집니다.

재림, 즉 '다시 오심'의 그리스어 '파루시아Parousia'는 'par옆에, 함께'와 'ousia존재, 하느님'의 합성어로, '하느님 옆에 함께함', '예수님께서 오셔서 함께하심'을 의미합니다. 종말이란 예수님과 함께하는 것이기에, 지금 예수님을 느끼고 체험할 수 있다면 종말을 미리 맛보는 것이고, 영원한 생명을 미리 체험하는 것입니다. 하느님 나라에 살기 위해 예수님께서는 회개하라고 권고하십니다(마르 1,15 참조). 회개, 즉 하느님을 향하는 것이 구원의 시작이자 영원한 생명에 동참하는 것입니다.

"아무도 하느님을 본 적이 없다.
아버지와 가장 가까우신 외아드님
하느님이신 그분께서 알려 주셨다."(요한 1,18)

# 06 익명의 그리스도인과 교회의 필요성

## 구원받기 합당한 사람의 조건

가톨릭 교회는 참된 그리스도인에게 구원이 약속된다고 가르칩니다. 구원에 합당한 그리스도인의 기준은 다음과 같습니다. 예수 그리스도 한 분만이 유일한 구원의 길이고, 그리스도께서는 교회 안에 함께 계시기에 구원을 위해 신앙과 세례가 반드시 필요하며(참조: 마르 16,16; 요한 3,5), 교회에 속해 있어야 함을 믿는 사람입니다.

또한 교회에 소속되어 있다 하더라도 사랑 안에 머무르지 못하고, 마음이 아닌 몸만 남아 있는 사람도 구원받을 수 없다고 가톨릭 교회는 가르칩니다. "하느님께서 예수 그리스도를 통하여 가톨릭 교회를 필요한 것으로 세우신 사실을 모르지 않으면서도 교회로 들어오기를 싫어하거나 그 안에 머물기를 거부하는 저 사람들은 구원받을 수 없을 것이다."(『교회 헌장』 14항).

가톨릭 신자는 매일 자기 가슴에 성호경, 즉 십자가를 긋습니다. 우리는 십자가를 그으며 예수님처럼 십자가를 지고 살 결심을 하고 기도하는 사람들입니다. 십자가는 인간이 지니는 삶의 무게이자, 각 개인에게 주어진 아픔이고 고통입니다.

그리스도인은 예수님과 깊은 관계를 맺고, 예수님처럼 살고자 노력합니다. "이제는 내가 사는 것이 아니라 그리스도께서 내 안에 사시는 것입니다."(갈라 2,20). 참된 그리스도인은 내 안에 그리스도께서 형성되실 때까지 믿고, 기도하며, 하느님과 이웃을 사랑하는 사람입니다.

향주삼덕은 하느님께서 주신 은총입니다. 믿음은 하느님을 알고 신앙을 고백할 수 있는 은총입니다. 희망은 삶이 어렵고 힘들어도 영원한 생명과 하느님을 기대하고 그리워하는 은총입니다. 사랑은 하느님 사랑에 머물며 그 힘으로 이웃을 사랑하는 은총입니다.

다른 이들을 참아 주는 것이 사랑이라면, 자신을 참고 견디는 것이 희망이고, 하느님을 참고 기다리는 것이 믿음이라 할 수 있습니다. 누가 구원받을 수 있을까요? 하느님만이 아시고, 결정하실 수 있으십니다. 하지만, 성경과 교회를 통해 계시해 주신 내용, 그리스도와 교회를 통해 구원받기 합당한 사람을 알 수는 있습니다.

### 그리스도교 신앙을 통해서만 구원에 이를까요?

그리스도교 밖에서도 인간이 구원받을 수 있을까요? 네, 그렇습니다! 가톨릭 교회는 교회 밖에서도 구원받을 수 있는 길이 있으며, 교회 밖에도 구원의 '가능성'이 있다고 가르칩니다. 그런데 타 종교에도 구원의 길이 있다면, 왜 선교를 해야 하고, 미사에 참여해야 할까요?

가톨릭 교회는 예수님을 그리스도로 믿고 따르며, 올바르게 사는 그리스도인에게 '구원의 보증과 확증'이 주어진다고 가르칩니다. 교회의 성사들을 통해 은총을 얻고, 구원을 미리 맛보게 됩니다. 그리스도인은 하느님 앞에 특별한 존재입니다. "그분께서는 당신을 받아들이는 이들, 당신의 이름을 믿는 모든 이에게 하느님의 자녀가 되는 권한을 주셨다."(요한 1,12).

예수님은 '믿고 세례를 받는 사람'은 구원받지만, '믿지 않는 사람'은 단죄를 받는다고 하셨습니다(마르 16,16 참조). 세례 여부로 단죄가 결정되는 것은 아닐 듯합니다. 예수님께서는 아직 세례받지 않은 사람들, 다른 종교를 가진 사람들도 잊지 않고 구원으로 이끌고자 하십니다. "자기 탓 없이 그리스도의 복음과 그분의 교회를 모르지만 진실한 마음으로 하느님을 찾고 양심의 명령을 통하여 알게 된 하느님의 뜻을 은총의 영향 아래에서 실천하려고 노력하는 사람은 영원한 구원을 얻을 수 있다."(『교회 헌장』 16항).

복음과 교회를 모르는데 어떻게 구원받을 수 있는가에 대해 가톨릭 교회는 "하느님만이 아시는 방법으로"(『선교 교령』 7항 참조) 가능하다고 합니다. '하느님만이 아시는 방법'은 인간이 알 수 없습니다. 하느님 구원 은총은 타 종교와 문화에도 존재한다는 것이 가톨릭 교회의 공식 입장입니다(참조: 「교회 헌장」 16항; 「비그리스도인 선언」 2항).

'교회 밖에 구원이 없다extra ecclesiam nulla salus.' 이 말은 초기 그리스도교가 교세를 확장하려 할 때 교회의 중요성을 강조하고, 교회의 분열에 대해 경고하며, 교회 일치를 강조하려는 목적으로 교회 안의 사람들에게 교회 안에 구원이 분명 있음을 강조한 말이었습니다. 오늘날 가톨릭 교회는 교회 밖에 구원이 없다고 더 이상 주장하지 않습니다. 오히려 중세에 '교회 밖에 은총이 없다.'라고 주장했던 극단주의자들(얀세니즘)을 이단으로 단죄했습니다.

가톨릭 교회는 타 종교의 구원 가능성을 인정하면서도, '진리의 위계位階'에 대해서도 명확히 언급합니다. 그리스도교에 주어진 구원 은총과 다른 종교에 주어진 것이 같지 않고, 진리와 구원에는 '위계'가 있다는 것입니다. 그리스도교가 지닌 '구원의 보증과 확증'은 타 종교에 주어진 '구원의 가능성'과는 차이가 있습니다. 세례를 통해 교회에 소속되어 신앙생활을 열심히 하는 사람에게 구원이 보증된다는 것은 분명합니다.

### 하느님의 모상인 인간

'익명의 그리스도인' 이론은 그리스도교 초기부터 있던 내용인데, 20세기 중반 독일 가톨릭 신학자 카를 라너(1904-1984년)가 다시 정리한 것입니다. 라너는 인간이 하느님의 모상으로 창조되었다는 창세기의 가르침에 근거해, 모든 인간 안에는 '초본성적 실존'이 있다고 했습니다. 인간 본성을 뛰어넘어 인간을 하느님께 향하게 하고, 은총으로 향하게 하는 근원적 능력인 초본성적 실존이 모든 인간 안에 내재되어 있다는 것입니다.

라너는 그 근거로 인간의 선한 마음이나 양심을 들어, 이 초본성적 실존으로 인간은 하느님을 만나고 통교할 수 있으며, 세례받지 않았더라도 하느님의 뜻대로 살 수 있다고 했습니다. 이 이론에 따르면 비그리스도인이라도 구원받을 수 있습니다. 그 이유는 첫째, 초본성적 실존이 올바로 작용할 때, 둘째, 자신의 책임 없이 그리스도를 알지 못하지만 착하고 바르게 살아갈 때, 하느님의 보편적인 구원 의지로 인해 세례나 신앙이 없어도 구원이 가능하다고 보기 때문입니다.

라너의 설득력 있는 주장은 많은 사람들의 지지를 받았습니다. 그런데 그의 말처럼 초본성적 실존에 따라 살면 세례를 받지 않고, 그리스도를 몰라도 구원이 가능할까요? 만일 구원의 조건이 착하고 올바르게 사는 것이라면, 굳이 세례받고 교회에 소속될 필요가 없는 것 아닐까요? 이 문제에 대한 가톨릭 교회의 답변은 무엇일까요?

하느님의 모상인 인간에게 초본성적 실존, 즉 하느님의 영이 모든 인간 안에 주어져 있다는 것은 성경의 가르침에 부합합니다. 그러나 동시에 성경은 인간이 저지른 죄(원죄) 때문에 그 본성이 망가졌음도 이야기합니다. 즉 '익명의 그리스도인 이론'은 원죄 문제를 해결하지 못합니다. 원죄는 인간의 불순종으로 발생한 것이고, 인간의 자유 의지와 영혼과 깊은 관련이 있습니다. 원죄 문제는 그리스도의 도움과 교회의 세례를 통해 해결 가능합니다. 하느님의 모상인 인간이 지닌 영적 능력은 인정하지만, 신앙과 세례의 중요성이 강조되어야 한다고 가톨릭 교회는 가르칩니다.

세례 없이 구원이 가능하다면 교회에서 거행되는 성사를 간과할 수 있습니다. 성사는 가톨릭 교회에서 매우 중요합니다. 말씀이신 그리스도께서 참하느님, 참인간이시고, 그분을 알고 믿는 것은 구원의 결정적인 요소입니다. 가톨릭 교회는 그리스도를 체험하는 성사, 그중에서도 성체성사 그리고 말씀을 기록한 성경 등이 얼마나 중요한지 분명히 가르칩니다.

"구원받을 사람들에게나 멸망할 사람들에게나
우리는 하느님께 피어오르는
그리스도의 향기입니다."(2코린 2,15)

## 이것만은 꼭!

# 신앙은 우리에게 꼭 필요한가요?

### 신앙은 악과 싸우는 영적인 투쟁

'유토피아Utopia'라는 단어가 있습니다. 가톨릭 교회의 순교자이자 정치가, 법률가였던 토마스 모어가 쓴 소설 제목에서 유래한 단어입니다. 'u없다'와 'topia땅'의 합성어인 유토피아는 현실에는 존재하지 않는 세계, 즉 지상 낙원 또는 모두가 바라지만 현실에는 존재하지 않는 이상 사회를 통칭하는 표현입니다. 유토피아와는 반대로 '디스토피아Dys-topia'라는 단어도 있습니다. '지옥향' 또는 '암흑향'으로 번역되며, 조지 오웰의 소설 『1984』에 그려진 사회가 대표적인 디스토피아입니다. 소설 속 사회도 처음에는 유토피아를 꿈꾸지만, 결국 폐쇄적이고 비인간적인 공동체로 전락했습니다.

이 두 개념에 빗대어 프랑스 철학자 미셸 푸코는 '헤테로토피아 Hetero-topia'라는 개념을 제시했습니다. 이는 마치 여행지나 놀이동산

같이 일상을 벗어난 일시적 휴식 공간처럼, 현실에 존재하지 않는 유토피아를 현실에 그럴 듯하게 꾸며 놓은 것을 의미합니다.

"종교는 일종의 헤테로토피아가 아닌가요?" 오늘날 많은 사람들이 묻습니다. "고단한 현실에서 그저 잠시의 위로와 위안을 주는 곳이 종교 아닌가요?" 한편으로는 맞습니다. 예를 들어, 수도원의 짧은 피정이나 여러 프로그램, 혹은 템플 스테이 등은 일상에 지친 현대인들에게 영적인 휴식처가 되고, 잠시 위안을 줍니다.

그러나 다른 한편으로는 그렇지 않습니다. 수도원 내 피정의 집은 방문자에겐 헤테로토피아가 될 수 있지만, 수도원에 사는 사람에겐 유토피아를 지향하는 구체적 장소입니다. 수도자修道者들은 세속으로부터 스스로 벗어난 사람이고, 수도 공동체는 눈에 보이는 속된 것이 아니라, 거룩한 분을 믿고 따르는 사람들입니다. 눈에 보이지 않는 하느님 나라를 지향하지만, 눈에 보이는 이 땅에서 끊임없는 자기 성찰과 극기로 내면의 악과 싸우는 영적 투쟁을 하는 곳이 수도원이고, 신학교입니다. 만일 그 영적 성장의 여정에 실패하면 그곳은 디스토피아가 됩니다.

신앙이나 교회 역시 마찬가지입니다. 신앙 공동체는 이 세상과 대조되는 사회, 대조 사회對照社會입니다. 예수님의 산상 설교(마태 5-7장 참조)를 근본으로 삼아 세속적 세상과는 구분되고, 하느님과 온전히 함께하는 새 하늘과 새 땅을 지향하는 곳이 교회입니다. 모든 그리스도인은 교회 안에서 그리스도의 가르침에 따라, 그리스도처럼 살도록(imitatio Christi) 선택받은 사람입니다. 그렇게 산다면 교회 안에서 유토피아를 맛볼 수 있고, 결국 영원한 생명을 얻게 될 것입니다. 그렇지 않다면 신앙생활은 결코 평화로 가득한 삶이 될 수 없습니다.

"네 믿음이 너를 구원하였다."(마르 5,34)라는 예수님 말씀처럼 하느님 은총과 사랑을 알아보고 응답하는 비결은 우리의 신앙입니다. 신앙은 우리를 구원으로 이끌어 줍니다. 올바른 신앙생활이 구원의 올바른 길입니다. "우리는 보이지 않는 것을 희망하기에 인내심을 가지고 기다립니다."(로마 8,25).

### 우상을 멀리하고, 예수님을 통해, 하느님을 섬기는 것

그리스도교에는 여러 분파가 있습니다. 그중 하나인 '가톨릭 교회'는 '천주교', '성당', '구교舊敎' 등으로 불립니다. 원래 '가톨릭catholica'이라는 단어는 '보편된', '일반적인', '누구에게나 해당하는' 등의 뜻입니다. '천주교'라는 명칭은 16세기경 가톨릭 교회가 동양에 전파될 때, '하느님Deus' 개념을 하늘天과 연결해 '천주天主'라는 이름으로 썼고, 이후 '천주교'라 불렀습니다.

간혹 개신교를 '기독교'로, 가톨릭을 '천주교'로 부르곤 하는데, 이는 잘못된 호칭입니다. '기독基督'은 '그리스도Christus'를 한자로 음독한 것이기에, 그리스도교 내지 기독교는 가톨릭 교회(서방 교회), 정교회(동방 교회), 개신교회 등이 포함된 개념입니다.

그리스도교란 무엇인가요? 이 물음에 대한 가장 완벽한 답은 초대 교회 세례식에서 행해졌던 교육 내용에서 찾을 수 있습니다. "**그리스도교란 우상을 멀리하고, 예수 그리스도를 통해서, 한 분 하느님을 섬기는 것이다!**"

다시 말해 그리스도교의 세 가지 정의는 다음과 같습니다. 첫째, '우상을 멀리하는 것'입니다. '우상'(偶像, Idol) 숭배란 하느님이 아닌 것을 하느님처럼 여기는 것, 인간에게 바랄 수 없는 것을 인간에게 바라는 것입니다. 인간 능력에 대한 지나친 믿음, 돈과 재물에 대한 집착, 혹은 과학과 기술 만능주의 등은 하느님의 자리를 대신할 수 없는데, 오늘날에는 마치 하느님처럼 여겨지고 있습니다. 모든 우상을 멀리하는 것이 그리스도교 신앙의 첫 단계입니다. 재물이나 과학을 무조건 멸시하고, 거부하라는 것이 아닙니다. 그것을 마치 하느님처럼 여겨서는 안 된다는 뜻입니다.

둘째, '예수 그리스도를 통해서'입니다. 이는 그리스도교의 가장 중요하고 핵심적인 내용입니다. 이름에서도 알 수 있듯이, 그리스도교는 그리스도를 통하여, 그리스도 안에서, 그리스도와 함께 완성됩니다. 반드시 '그리스도'가 핵심이어야 합니다. 그리스도교의 출발점, 핵심, 결론은 언제나 예수 그리스도입니다.

셋째는 '한 분 하느님을 섬기는 것'입니다. 그리스도교는 예수님을 통해 알게 된 '한 분이신 하느님'을 믿고 따릅니다. "이스라엘아, 들어라! 주 우리 하느님은 한 분이신 주님이시다."(신명 6,4). 이 말씀은 구약의 이스라엘은 물론 신약의 그리스도인들에게도 여전히 유효하고,

중요한 말씀입니다.

그리스도교는 인간의 근본적인 물음, 즉 삶과 죽음, 그 의미와 목적에 대해 그리스도를 통하여, 그리스도 안에서, 그리스도와 함께 답을 찾고, 영원한 생명을 얻는 신앙입니다. 요한 복음서 1장에서는 예수님을 하느님의 '말씀', 즉 '로고스Logos'라고 합니다. 이는 인간에게 생명을 주는 말씀입니다. 바로 이 말씀을 인간이 서로 나누는 것이 '대화dialogos'이고, 이 대화를 통해 하느님과 인간 사이의 친교, 인간 상호 간의 친교가 이루어집니다.

그리스도교란 말씀을 통해 하느님과 인간 사이에 친교를 이끌어 가는 것입니다. 예수 그리스도가 인간을 하느님께로 이끄는 길, 진리, 생명이라 믿는 것이 그리스도교입니다.

### 신앙이란 하느님을 사랑하는 것

신앙은 머리로는 이해할 수 없는 하느님을 계시에 근거해 무조건 받아들이고, 마음 가장 깊은 곳에 평생 품고 사는 것입니다. 신앙은 우리 힘으로 어찌하지 못하는 삶과 죽음 등을 하느님 은총으로 살겠다고 결심하는 것이고, 하느님의 부르심에 "예!" 하고 응답하는 것입니다.

신앙은 이스라엘이 수천 년 동안 하느님을 만나고 체험하면서 깨달은 내용에서 출발합니다. 하느님의 아들 예수님께서 인간이 되시어, 인간의 눈높이에서 사시고, 기도하시면서 가르쳐 주신 것입니다.

하느님께서는 당신을 믿도록 이끌어 주시고, 동시에 인간의 '자유로운 선택과 순종'을 원하십니다. 그래서 아우구스티노 성인은 "신앙이란 동의하며 생각하는 것"이라고 했습니다.

하느님을 아는 것(이성)과 하느님을 사랑하는 것(신앙) 중에 더 중요한 것은 하느님을 사랑하는 것입니다. 그럼에도 하느님을 잘 알아야 하는 이유는 하느님을 더 잘 사랑하기 위해서, 더 잘 믿기 위해서입니다. 신학 지식이 풍부하다고 해서 신앙이 깊어지는 것은 아닙니다. 오히려 반대의 경우도 많습니다. 하지만 요즘처럼 혼란한 세상에서 하느님에 대한 올바른 이해는 중요합니다.

하느님을 믿는다는 것은 인간과 삶과 세상에 대한 가장 깊고 정확한 답이 그분 안에 있음을 아는 것입니다. 신앙이란 인간의 과거와 현재와 미래에 대한 가장 정확한 답이기에, 모든 인간에게 꼭 필요합니다.